Margret Rasfeld
Stephan Breidenbach

SCHULEN IM AUFBRUCH

Margret Rasfeld / Stephan Breidenbach

SCHULEN IM AUFBRUCH
EINE ANSTIFTUNG

Der Verlag behält sich die Verwertung des urheberrechtlich
geschützten Inhalts dieses Werkes für Zwecke des Text- und Data-Minings
nach § 44 b UrhG ausdrücklich vor. Jegliche unbefugte Nutzung
ist hiermit ausgeschlossen.

Penguin Random House Verlagsgruppe FSC® N001967

6., ergänzte Auflage 2023
Copyright © 2014 Kösel-Verlag, München,
in der Penguin Random House Verlagsgruppe GmbH,
Neumarkter Str. 28, 81673 München
Umschlag: Weiss Werkstatt München, unter Verwendung
des Logos der Initiative *Schule im Aufbruch*
Lektorat: Silke Uhlemann, München
Druck und Bindung: Friedrich Pustet GmbH & Co. KG, Regensburg
Printed in Germany
ISBN 978-3-466-31030-2

www.koesel.de

INHALT

1 Warum diese Anstiftung?

9

2 Lassen Sie sich inspirieren!

13

Das Lernbüro 13 ◆ Stark sein im Team 15 ◆ »Ungewöhnliche Begegnungen« 16 ◆ Verantwortung lernen 18 ◆ Eltern mit an Bord 20 ◆ Herausforderungen meistern 22 ◆ Natur erleben 23

3 Unsere Zukunftsherausforderungen

25

Die ökologische Herausforderung 25 ◆ Der Wandel des Arbeitsmarktes 27 ◆ Globalisierung und kulturelle Identität 29 ◆ Demokratieentwicklung 30 ◆ Die Grenzen der Politik und die Partizipative: Wie sie denkt, wie sie handelt 32 ◆ Schule als gesellschaftliche Keimzelle 34

4 Die Schule des 20. Jahrhunderts

36

Zersplitterung, Taktung und Konformität 37 ◆ Fremdbestimmung und Lernen im Gleichschritt 38 ◆ Arbeitsblätterkultur und Erfüllermentalität 39 ◆ Das Fehlen einer wertschätzenden Beziehungskultur 41 ◆ Lernen ohne Lebensbezug 42 ◆ Hierarchie und scheinbare Sicherheit 43 ◆ Das selektive System 44 ◆ Die Konsequenzen des Systems 46 ◆ Die politische Sackgasse 48

5 Die Perspektive internationaler Expertengruppen
50

6 Eine Kultur der Potenzialentfaltung
57

Potenzialentfaltung 59 ✦ Entwicklung des Bewusstseins 66 ✦ Magische Momente 67 ✦ Gelebte Prinzipien der Potenzialentfaltung 69 ✦ Das Konzept lebenslangen Lernens 76

7 Die Schule der Zukunft
79

Der Mensch im Mittelpunkt 81 ✦ Geist und Haltung 83 ✦ Wertschätzung und Beziehungskultur 84 ✦ Projekte und komplexe Sinneinheiten 87 ✦ Von Noten zu differenzierter Leistungsrückmeldung 88 ✦ Demokratie leben 89 ✦ Lernen im Leben 91 ✦ Visionäres Denken braucht Impulse und Modelle 93 ✦ Zuwenden, orchestrieren, führen, Vorbild sein: Lehrer der Schule 21 96 ✦ Schule 20 versus Schule 21: eine Gegenüberstellung 100

8 Schule 21 ist keine Utopie
101

»Aus uns ist doch auch etwas geworden!« 101 ✦ »Das ist doch nicht anschlussfähig!« 102 ✦ »Nur mit Pauken macht man einen guten Abschluss!« 103 ✦ »Von allein machen die (Schüler) nichts!« 103 ✦ »Da bleibt doch die Allgemeinbildung auf der Strecke!« 104 ✦ »Wir brauchen doch auch Disziplin und pflichtbewusste Menschen!« 105 ✦ »Die rechtlichen Rahmenbedingungen lassen eine solche Schule doch gar nicht zu!« 105

9 Die Zukunft beginnt *jetzt!*
106

Verantwortung annehmen 106 ✦ Bündnisse bilden 107 ✦
Potenzialentfaltung selber leben 109 ✦ Eine Vision
entwickeln 112 ✦ Die Vision in den Lernprozess
integrieren 115 ✦ Sich Herausforderungen stellen 117 ✦
Teil der Bewegung sein 118 ✦ Schule im Aufbruch 123

10 Schulen und Regionen legen los …
127

Schüler als Experten: ein Pionierformat 128 ✦ All das hat
Folgen 132 ✦ Baden-Württemberg im Aufbruch 134 ✦
Niedersachsen im Aufbruch 135 ✦ Nordrhein-Westfalen im
Aufbruch 135 ✦ Brandenburg im Aufbruch 142 ✦ Regionalgruppen von *Schule im Aufbruch* in ganz Deutschland 144 ✦
Über Deutschland hinaus 145 ✦ Digital im Aufbruch 145 ✦
Auch Unternehmen lassen sich inspirieren 147 ✦ Ebenso
Hochschulen 148 ✦ Und jetzt? 150

Anhang
151

Was hat sich inzwischen getan? 151 ✦
Dank 155 ✦ Anmerkungen 157 ✦
Die Autoren 159

1
WARUM DIESE ANSTIFTUNG?

Wenn es um die Schule geht, können alle mitreden. Das Thema Bildung, so die Studie *Eltern – Lehrer – Schulerfolg. Wahrnehmungen und Erfahrungen im Schulalltag von Eltern und Lehrern* der Konrad-Adenauer-Stiftung[1], ist in den Familien angekommen.

Eltern wünschen sich einen möglichst hohen Schulabschluss für ihre Kinder. Die Familie wird in der Wahrnehmung der Eltern durch den gestiegenen Leistungsdruck nachhaltig geprägt. Eltern fühlen sich für den Schulerfolg ihrer Kinder zunehmend verantwortlich.[2] Für die meisten Eltern ist das Gymnasium das Ziel und die Hauptschule steht »für Scheitern und sozialen Abstieg«.[3] Die G8- oder G9-Diskussion schafft es daher auf die Titelseiten der Zeitungen.

Ein Befund der Studie ist besonders bemerkenswert: Schule wird von vielen Eltern nur als »Lernstoffvermittlungsagentur« und als »Assessment-Center« wahrgenommen. Angesichts zunehmender Leistungsanforderungen im G8-Gymnasium besteht bei vielen Eltern eine große Verunsicherung darüber, ob sie ihren Kindern überhaupt noch Werte wie »Leistung«, »Anstrengung« und »Ehrgeiz« vermitteln sollen. Hier sehen Eltern die Gefahr, eine eindimensionale Leistungsideologie zu bedienen, die ihren Kindern als Person schaden könnte. Aus Sicht der Eltern kollidiert ihr Erziehungsanspruch, ihren Kindern eine unbeschwerte

Kindheit und Jugend zu ermöglichen, mit den Anforderungen der Schule, vor allem denen des Gymnasiums.[4]

In Aussagen vieler Eltern geht es um Kinder, die Angst vor der Schule haben. Kinder, die erklären: »Da gehe ich nicht mehr hin.« Schon nach der zweiten Klasse beginnt der Druck, den Übergang in das Gymnasium zu schaffen. Frühe Weichenstellungen belasten das ganze Familienzusammenleben.

Wie sieht das für die Schüler und Schülerinnen aus? Finden sich Kinder und Jugendliche wirklich in »ihrer« Schule wieder? Gibt Schule ihnen Orientierung in der Welt des 21. Jahrhunderts? Nützt Schule ihrer Zukunft? Sind sie glücklich in der Schule? Sind sie – immer noch – neugierig? Haben sie ihre Begabung entfalten können?

George Land und Beth Jarman haben bereits vor zehn Jahren in ihrer Studie *Breakpoint and Beyond: Mastering the Future Today* festgestellt, dass drei- bis fünfjährige Kinder einen Test im divergenten Denken mit einer erstaunlichen Selbstverständlichkeit als Genies (98 % der 1600 Kinder) gemeistert haben. Fünf Jahre später schnitten nur noch 32 % der 1600 so gut ab und als sie 14 bis 15 Jahre alt waren, schafften nur noch 10 % von ihnen den höchsten Level. Und nur 2 % der Erwachsenen erreichten dieses Niveau.

Es wird viel verlangt von Kindern. Wird aber das Richtige verlangt? Bereitet die Kultur der auszufüllenden Arbeitsblätter wirklich auf eine ungewisse Zukunft vor? Lernen kann sinnerfüllt sein. Lernen kann selbstbestimmt sein. Lernen kann beinhalten, jeden Tag neue Erfahrungen zu machen. Dieses Lernen motiviert zu lernen.

Lehrer wissen, warum sie Lehrer geworden sind. Sie bringen Begeisterung, Engagement und Gestaltungswillen mit in ihre Schulen. Und sie verlieren viel Energie an immer stärkere Anforderungen von Bürokratie und Test-Kultur. Sie wünschen sich mehr Eigenverantwortung. Die aktuellen Schulreformen seit PISA sind für Lehrer »keine Antwort auf die drängenden Probleme im Schulalltag, sondern tragen (…) zur Belastung des Schulalltags bei.«[5] Daher die Frage: Können wir uns überhaupt eine andere Schule vorstellen? Eine Schule, in der Beziehung vor Vereinzelung steht, in der eine wertschätzende Haltung den gleichen Stellenwert hat wie die Vermittlung von Stoff und die Erziehung zu einem kritischen Geist und in der wir das Menschenbild, das wir in uns tragen, auch mit unseren Kindern leben? Eine Schule, in der es selbstverständlich ist, sich eine Zukunft selbst zu gestalten?

Gibt es eine solche Schule? Die Antwort lautet: Es gibt sie. Mit anderen Worten: Die Zukunft der Schule lebt schon.

Wollen wir, dass sich alle unsere Schulen in diese Richtung entfalten, dann kommen wir nicht umhin, Verantwortung zu übernehmen. Alle Beteiligten sind hier gefragt. Denn diese Schulen entstehen aus Bündnissen zwischen Lehrern, Eltern, Schulleitung und Schülern, die ihre Lerngemeinschaft selbst gestalten. In diesem Sinne stiften wir an.

Wir wollen im 21. Jahrhundert dazu einladen, Bildung und Schule gemeinsam von Grund auf neu zu denken. Wir wollen die Bürgerinnen und Bürger in Deutschland dazu ermutigen, sich in Bildungsfragen aktiv, kritisch und visionär einzumischen, unsere Schulen tatkräftig und mündig zu gestalten. Denn was bleibt, ist die gesellschaftlich vorangetriebene Vision von Schule als Ort der Potenzialentfaltung, der Herzensbildung, als großartigen Arbeitsplatz, als einen Ort der Gemeinschaft. Nur dann wird es uns möglich sein, politische Veränderung herbeizuführen und die fast hundertjährige Stagnation deutscher Bildungspolitik aufzulösen. Politische Institutionen sind von ihrer Struktur her die großen Tanker, die sich ihren Weg langsam und träge durch das Meer bahnen. Die Tanker stehen für Stabilität, Verlässlichkeit und Kontinuität. Mutige Bürgerinnen und Bürger sind die Schnellboote, die Hindernisse und Gefahren, aber auch Wege und Möglichkeiten viel schneller, fantasievoller und passgenauer aufspüren und kreieren können.

Unsere Botschaft ist eine dreifache und lautet:

▷ Wir wissen, was richtig ist, wenn wir mit dem Herzen denken.
▷ Es ist Zeit zu handeln, wenn wir kritisch und mündig auf unsere Welt schauen.
▷ Potenzialentfaltung ist ein Grundrecht, dem wir Geltung verschaffen.

2
LASSEN SIE SICH INSPIRIEREN!
EINE REISE ZU DEN SCHULEN DER ZUKUNFT

Die Zukunft hat längst begonnen. Es gibt sie schon, die Zukunft der Schule. Überall in Deutschland. Bevor wir uns mit Fragen beschäftigen wie den Herausforderungen, die die Zukunft an uns stellt, oder wie Schule heute als ein Relikt aus dem 20. Jahrhundert immer noch prägend ist, laden wir Sie ein, sich mit uns zunächst auf eine Inspirationsreise zu begeben ... Diese Reise soll Ihnen eine Vorstellung davon geben, wie die Schule des 21. Jahrhunderts schon heute an vielen Orten in Deutschland praktiziert wird. Lassen Sie sich von diesen Beispielen aus der Praxis inspirieren, bevor wir diese später theoretisch untermauern.

Das Lernbüro

Montag, 8:30 Uhr, eine Realschule in München. Offene Türen und offene Räume. Neben dem Englischraum ist der Matheraum. Im Gang gegenüber der Deutschraum. Im »Lernbüro Deutsch« sind die Schüler in ihre Arbeit vertieft. Anja, Bea und Sabine gehen hoch in die Bibliothek, sie brauchen ein Fachbuch. Andere werfen ihre Rechner an. Ben, der am Lernbaustein Literatur arbeitet, entwirft gerade ein neues Cover für das Buch, das er sich als Literaturbeispiel ausgewählt hat. Peter schaut sich ein Video auf einem Tablet an. Eine Gruppe von drei Schülern hat sich in eine Ecke zurückgezogen und entwickelt eine Werbekampagne, Teil des Bausteins Werbung. Zu Beginn hatten sich alle Schüler mit ihren Aufgaben versorgt: In Regalen stehen die sogenannten Lernbausteine, Kästen mit Lernaufträgen. Die Bausteine sind aufeinander abgestimmt, vom Fundament bis zum Dach werden Stock für Stock die curricularen Basics bearbeitet. Die Schüler können sich morgens aussuchen, ob sie Deutsch, Englisch oder Mathematik bearbeiten wollen. Zwei Deutsch-Bausteine haben schon einen QR-Code. So gibt es einen aufbereiteten Zugang zu zahlreichen Videos und digitalem Lernmaterial, Schreibübungen, Spielen. Es herrscht Stille und konzentrierte Arbeitsatmosphäre. Als bei einer Schülerin Probleme bei einer Grammatikregel auftauchen, bittet sie eine Mitschülerin um Hilfe. Im Mathelernbüro nebenan ist die Lehrerin gerade dabei, einer kleinen Schülergruppe die Einführung in den Baustein »Terme« zu geben. Im Lernbüro kann die Lehrerin sich die Zeit nehmen, um im Einzelgespräch ein Problem zu besprechen. Vor dem Englischraum bieten Studierende Talkings an. Die Studierenden arbeiten im Rahmen ihres Praxissemesters als Co-Lehrer mit. Im Lernbüro kann jeder und jede im eigenen Tempo lernen. Mathe kann man abstrakt oder haptisch begreifen. Christina meldet sich zum Test an. Sie möchte den Baustein Geometrie abschließen.

Stark sein im Team

Mittwoch 14:00 Uhr, Göttingen. Eine achte Klasse der Gesamtschule. Die Schüler tüfteln an einer Aufgabe und diskutieren. Der Lehrer hat in das Thema eingeführt, steht für Fragen zur Verfügung. Die Gesamtschule arbeitet durchgehend im Teamkleingruppenmodell. Ariane, Klassenlehrerin, erklärt uns: »Die Schüler arbeiten in festen Tischgruppen, die so zusammengestellt sind, dass eine heterogene Mischung von Schülern gemeinsam lernen kann.« An den Tischgruppen sitzen Persönlichkeiten, die nach dem alten System noch Realschüler, Gymnasiasten, Förderschüler oder Hauptschüler genannt wurden. Die Leistungsergebnisse sind, auch im Abitur, exzellent. »Das Rückgrat unserer Arbeit sind ganz klar wir, unser Team, der Zusammenhalt in unseren Jahrgangsteams, die kleine Schule in der großen, die örtliche Zusammengehörigkeit.« Alle fünf Klassen eines Jahrgangs lernen von der fünften bis zur zehnten Klasse auf einer Etage, mit einem räumlichen Mittelpunkt mit Spiel- und Arbeitsflächen in der Mitte. Der Teamraum für die Lehrkräfte mitten im Geschehen. »Unser Teamraum ist immer besetzt, wenn also Schülerinnen Anliegen haben, dann können sie jederzeit kommen und diese vorbringen. Wir sind immer da und haben ein offenes Ohr«, so Ariane.

16:00 Uhr, Teamsitzung des Lehrerteams. Das Treffen beginnt mit einer Lobrunde. Johannes, der Geschichtslehrer beginnt: »Kathrin, ich möchte dich loben. Im Konflikt mit Laura warst du mir ein so guter Beistand. Du hast mich echt aufgebaut und mir hilfreiche Tipps gegeben, wieder ins konstruktive Gespräch mit Laura zu kommen. Danke!« Die wöchentliche Teamsitzung im Teamraum, der reichlich ausgestattet ist mit Schränken voller Unterrichtsmaterial, Computerarbeitsplätzen, Fotos und Sprüchen an den Wänden, die jeden und jede erinnern, warum sie Lehrer geworden sind. Es herrscht eine zufriedene Stimmung, obwohl der Tag anstrengend war. Zahlreiche Vorfälle in den Klassen haben vielen Kollegen Höchstleistung abgefordert. Nun ist die Lobrunde eine Wohltat, sie stärkt Vertrauen. »Thorsten, danke für den Film über unser Projekt und dein Lächeln heute Morgen. Es hat mich durch den Tag getragen«, sagt Kathrin.

»Ungewöhnliche Begegnungen«

Donnerstag, 10:30 Uhr, ein Gymnasium in Düsseldorf. Der neunte Jahrgang arbeitet am Thema »Ungewöhnliche Begegnungen«. Die Schüler können sich zwischen vier Unterthemen entscheiden. Martin und Sven gehören zur Gruppe »Gesichter von Kulturen«. Ihr Klassenraum ist fast leer. Vier Schüler sitzen im Computerraum und skypen. Die anderen werten gerade in der Bibliothek ihre Notizen aus. Als »ungewöhnliche Begegnung« haben sie gewählt, dass jeder Schüler einen Menschen interviewt, der nicht in Deutschland geboren wurde. »Bei uns im Jahrgang gibt es einen Projekttag in der Woche. Da können wir richtig dranbleiben an unseren Themen und vor allem auch rausgehen«, erzählen Martin und Sven. »Wir haben uns gemeinsame Fragepunkte überlegt, weil wir nämlich ein Buch aus dem Projekt machen wollen.« Sie erzählen, dass alle Fotos von den Lieblingsorten der Gesprächspartner und von ihrem eigenen Lieblingsort gesammelt haben sowie jeweils ein Lieblingslied und ein Zitat, das jedem besonders am Herzen liegt. »Ich wusste meines sofort, aber für einige war es echt schwierig, sich für einen Spruch zu entscheiden. Nun stellen wir alles zusammen und bearbeiten es mit Hilfe eines Grafikprogramms.« Svens Vater ist Grafiker und hat der Klasse schon ein paar Tipps gegeben. 18 Kulturen und 13 Sprachen sind zusammengekommen. Jedes Zitat wird in Deutsch erscheinen und handschriftlich in der Heimatsprache. In vier Wochen ist Buchpremiere. Alle Interviewpartner sind eingeladen. Alle Schüler der neunten Klasse und alle Interviewpartner werden sich mit ihrem Lieblingsspruch vorstellen. Aufregend. Auch die Lieder und Instrumente werden eingebunden. Ein ungewöhnliches Fest im Projekt »Ungewöhnliche Begegnungen«.

Auch die anderen Projektgruppen des neunten Jahrgangs haben sich Besonderes zum Abschluss ausgedacht. Beim Projekt »Roter Faden« begegnen sich Senioren und Jugendliche intensiv in Zweierteams. Mit Fragen wie »Gibt es in Ihrem Leben einen Tag, den Sie nie vergessen werden?« oder »Wann hatten Sie das erste Mal das Gefühl, nicht mehr jung zu sein?«, mit Gesprächen über den kleinen großen Mut, Herausforderungen und Freudentagen blättert sich nach und nach eine Lebensgeschichte auf. Am Ende entsteht auf einem großen Blatt Papier der »Rote Faden«. Mit einem roten Wollfaden werden die Lebensstationen mit ihren Höhen und Tiefen und Schlenkern und Umwegen festgehalten und ausdifferenziert mit Skizzen, Fotos, kleinen Gegenständen. Auch bei diesem Projekt wird die gemeinsame Vorstellung ein berührendes Erlebnis sein. Wie auch das »Festmahl der Weltreligionen«, der Abschluss des dritten Projekts im neunten Jahrgang eines Düsseldorfer Gymnasiums.

Verantwortung lernen

Mittwoch, 16:00 Uhr, Verantwortungsfest in einer Aachener Schule. Eltern, Schüler, Lehrer, die Kooperationspartner, Studenten und Interessierte kommen in die Turnhalle. Heute beim Verantwortungsfest stellen die Siebt- und Achtklässler ihre Verantwortungsprojekte vor. Reges Treiben in der Halle, Campus-Charakter, der Andrang ist groß. Stolz präsentieren die Schüler ihre Projekte, beantworten Fragen, erzählen begeistert. 17:00 Uhr: Das Bühnenprogramm beginnt. Hermann (13), ein begeisterter Klavierspieler, leitet seinen Vortrag mit einem selbst geschriebenen Klavierstück ein und erzählt danach seine Geschichte. »Ich besuche jede Woche Frau Hensel im Seniorenheim. Sie sitzt im Rollstuhl, weil sie einen Schlaganfall hatte und nicht richtig laufen kann, auch sprechen kann sie kaum. Deshalb habe ich einen Rollstuhlführerschein gemacht, damit ich sie herumfahren darf«, erzählt Hermann stolz. Er bringt die Dame jedes Mal in die Kapelle des Seniorenheims, in der ein Klavier steht. Hermann schiebt den Rollstuhl so vor das Klavier, dass die Frau die Tasten sehen kann. »Ich spiele ihr immer vor, dann freut sie sich.« Die ältere Dame freut sich jedes Mal aufs Neue über den Besuch, den strahlenden Hermann und die schönen Klänge. Nach den ersten Treffen hat Hermann gespürt, dass hier etwas Gutes und Besonderes geschieht. Er ist Autist, hat das Asperger Syndrom und ist ein hochsensibles Kind. Er war sich sicher, dass das Klavierspielen für die ältere Dame Bedeutung hat. In den gemeinsamen Treffen schiebt er sie deshalb immer wieder an das Klavier, legt manchmal ihre Hände ganz bedacht auf die Tasten und drückt sie sanft gemeinsam mit ihr. »Seitdem Hermann da ist, haben wir das Gefühl, dass Frau Hensel sich wieder freuen kann. Sie tritt wieder mehr mit uns in Kontakt und wirkt viel lebhafter«, so die Pflegerin. »Vor zwei Wochen habe ich erfahren, dass Frau Hensel früher Pianistin war«, erzählt Hermann bewegt. Ein magischer Moment.

Sophia, 13 Jahre alt, macht ihr Verantwortungsprojekt in einer Grundschule mit 90 % Schülern mit Migrationshintergrund. Sie ist eine der vier Schulen im Kooperationsverbund »Sprachbotschafter«. Sophia erzählt: »Wenn ich komme, werde ich meistens von der Klassenlehrerin begrüßt, und sofort kommen dann Schüler angerannt und hängen sich an mich und freuen sich und rufen ›Sophia, hallo, kannst du heute mit mir arbeiten? Bitte!‹« Sophia arbeitet seit einigen Monaten mit Nguyen, einer Schülerin, die bis zur zweiten Klasse kein Wort zu Blatt gebracht hat. »Wir spielen miteinander und ich lese Nguyen Geschichten vor. Es war schön zu erleben, dass sich Nguyen immer mehr zugetraut hat. Sie hat dann mal ein Wort geschrieben und später Sätze und dann ging es immer weiter. Und dann geschah das Unglaubliche: Nguyen hat eine kleine Geschichte geschrieben.« Sophia beendet ihren Vortrag mit dem Satz: »Die Zeit mit Nguyen hat mich verändert. Es hat mir Sinn gegeben. Ich habe gemerkt, dass ich nicht das kleine Kind bin, das in der Ecke steht und nichts kann. Ich habe gemerkt, dass ich gebraucht werde. Leute schätzen das wert, was ich mache. Am meisten berührt mich, wie sehr die Kinder mir vertrauen. So etwas habe ich noch nie erlebt.«

In den Herbstferien wird das erste einwöchige Sprachbotschaftercamp stattfinden. Zwanzig Kinder aus den ersten und zweiten Klassen, zehn Sprachbotschafter und zwei Künstler. Sophia ist beim Orgateam mit dabei.

Eltern mit an Bord

Donnerstag, 10:00 Uhr, eine Grundschule im Dortmunder Norden. Im Elterncafé sitzt eine Gruppe von Frauen, einige tragen Kopftücher. Vor ihnen Grammatikhefte. Die Kursleiterin, die selbst Elternteil an der Schule ist, animiert dazu, Dialoge zu sprechen. Nebenan bereiten Eltern Kuchen für eine politische Abendveranstaltung vor. Wieder in einem anderen Raum gibt eine Mutter einen Backkurs für interessierte Schüler. Über 80 % der Kinder der Schule stammen aus der Türkei, Griechenland, Syrien. Ein Großteil der Eltern lebt von Arbeitslosengeld, viele Kinder wachsen ohne Vater auf. Es gibt Kinder, die kommen ohne Frühstück zur Schule, einige tragen im Winter noch Sandalen, etliche sprechen kaum Deutsch. Manche haben Krieg erlebt. Die Zusammenarbeit zwischen Elternhaus und Schule ist von zentraler Bedeutung in der Schule. 50 bis 60 Eltern sind tagtäglich im Schulgebäude unterwegs. Sie werden von der Schule früh auf den Schulbeginn ihrer Kinder vorbereitet, sie können in regelmäßigen Treffen Fragen stellen, Wünsche äußern und Ängste benennen. Im Elterncafé der Schule können die Eltern Kontakte knüpfen, Sprach- und Computerkurse besuchen und auch eine Einzelfallberatung erhalten. Aus dem Kreis ehemaliger Mütter, die noch engen Kontakt mit der Schule pflegen, helfen Frauen neu angekommenen Müttern, die der deutschen Sprache (noch) nicht mächtig sind, in den ersten Schulwochen und wenn es sein muss, auch die ganze Schullaufbahn über. Diese Schule traut nicht nur allen Eltern, sondern auch allen Kindern viel zu, auch selbst organisiertes Lernen. Und das mit großem Erfolg!

Am selben Tag, 19:00 Uhr, eine Schule in Essen. Circa 40 Eltern sitzen in großer Runde in der Aula im Kreis. In der Mitte ein großer alter Seemannskoffer. In 30 Minuten geht es los. Frau Stuhr, Elternsprecherin, erzählt: »Wissen Sie, bei uns an der Schule ist das Thema Verantwortung ganz groß geschrieben. Und so dachten wir, die Eltern, wir machen uns auch auf den Weg. Verantwortung geht doch auch uns Eltern an und so haben wir eine Art Fortbildungsreihe für Eltern geplant. Zum Glück haben wir einen richtig guten Moderator gefunden. Zwei sehr bewegende Abende haben wir schon hinter uns. Beim ersten Abend ging es um unsere eigenen Lernerfahrungen. In Kleingruppen tauschten wir uns darüber aus, was bei uns persönlich Lernen gefördert und uns gestärkt und was uns geschwächt hat. An diesem Abend hat die versammelte Runde ihr inneres Wissen aktiviert und tief in der eigenen Erfahrungskiste gekramt.« Heute geht es um Interessen, Talente und Potenziale. Der Koffer ist gefüllt mit verschiedenen Alltagsschätzen: Briefmarken, Kugelschreiber, Postkarten, ein Fernglas, Stofftiere, Spielzeugautos, eine Kerze. Dazu hat jeder noch etwas mitgebracht, eine wahre Schatzkiste. Jeder soll sich nun einen Gegenstand aus dem Koffer nehmen, der ihm etwas bedeutet. Es wird spannend. Mit der Zeit entpuppen sich zahlreiche Eltern als Dinosaurier-, Astronomie- oder Heilpflanzenexperten, Baumhausbauer, Computertüftler oder Musiker. Eine Schatzkiste der verborgenen Talente wird lebendig in oft anrührenden persönlichen Geschichten. Gegen Ende steht eine Frau auf, packt alle noch im Koffer befindlichen Dinge neben den Koffer und nimmt den Koffer an sich. Sie sagt: »Seit vielen Jahren hatte ich nie Zeit für mich. Und träumte davon. Das wurde mir gerade bewusst.

Ich habe den Koffer genommen, weil ich mir gerade vorgenommen habe, eine Woche alleine zu verreisen. Ein Traum, der schon lange verborgen in mir schlummert. Und heute, gerade eben, habe ich ihn zugelassen.« Ein magischer Moment.

Herausforderungen meistern

Dienstag, 11:00 Uhr, eine Schule in Hamburg. Überall im Gebäude verteilt sitzen Grüppchen von Schülern und recherchieren, diskutieren, telefonieren. Die Schülerinnen und Schüler planen ihre »Herausforderungen«. Androsch und Elias schreiben eine Mail an eine Fährgesellschaft. Sie wollen nach Schweden, um dort für drei Wochen eine Survivaltour durch die Natur zu machen. Sie bitten darum, kostenlos von Rostock nach Trelleborg übersetzen zu dürfen. Ihr Begleiter Arthur sitzt dabei und beobachtet, wie die beiden aufgeregt, unsicher, aber gespannt auf ihr Abenteuer, von einer Idee zur nächsten springen. Er mischt sich nicht ein: »Die kriegen das hin. Ich wäre ohnehin nicht darauf gekommen, eine Fährgesellschaft anzuschreiben und so direkt zu fragen.« Die beiden sollten die Tickets in zwei Wochen bekommen.

Aya läuft zum Nebenraum, weil sie ihre Freundin Fine fragen will, ob die ihr einen Rucksack leihen kann. Nina telefoniert mit einer Kirchengemeinde in Hamburg, um einen Schlafplatz zu organisieren. Ayas Gruppe wird von Judy gecoacht, einer Studentin an einer Fachhochschule für Erzieher, die mit der Schule kooperiert. Aya, Nina und Szesima sitzen über einer Deutschlandkarte und erarbeiten sich konzentriert eine Wanderroute von Hamburg nach Berlin. In

Berlin wollen sie eine Woche in der Suppenküche helfen. Die Stimmung ist angeregt und verlangt von Schülerinnen und Schülern vollste Konzentration und Teamgeist. Sie haben noch zwei Monate Zeit für ihre Vorbereitungen, dann geht es los.

Natur erleben

Reisen wir weiter und finden einige Schülerinnen fernab von ihrer Bremer Heimatschule. Die Schule hat »Natur erleben« im Plan und kooperiert mit einem Bauernhof. Eine Schülergruppe hat zwei Wochen Hofzeit. Zehn Jugendliche liegen um 6:00 Uhr – mitten in der Schulzeit – noch verschlafen in den beiden großen Gemeinschaftszimmern eines Bauernhofs, am Rande der Stadt. Marie und Tim, beide haben heute Stalldienst, sind schon längst auf den Beinen: Esel, Hühner und Kaninchen wollen vor dem Frühstück gefüttert sein, auch die Kaninchen beim kranken Nachbarn müssen diese Woche mitversorgt werden. Gustav und Max fanden im Physikunterricht das Thema Motor spannend und wollen mehr lernen. Auf dem Hof findet sich nun die passende Gelegenheit: Der Mechaniker Paul unterstützt die Jungs am Hof bei der Installation einer neuen Bewässerungsanlage für den Gemüsegarten. Wassergefälle, Druckwiderstände, Pumpkapazitäten, Motorleistungen, Energiequellen und Bernoulli-Gesetze – Max und Gustav werden nach vier Wochen mit diesen Begriffen sicher jonglieren und mit ihrer Projektpräsentation in ihrer Klasse nicht nur den Physikunterricht bereichern, sondern vor allem sich selbst gezeigt haben, wie eine eigene Idee Realität wird. Auf dem Hof gibt es viel zu tun: Gustav und Max brauchen drei kräftige Helfer beim Ausheben eines Wasserleitungsgrabens. Trixi, Jorinde, Justus und Alexander nehmen die anderen beiden gerne ins heutige Küchenteam auf. Justin und Joe misten Ställe aus und mulchen Beete. Von 16:00 Uhr bis 18:00 Uhr ist Lernzeit auf dem Hof. Dann verteilen sich alle mit ihren individuellen Wochenplanaufgaben im Theatersaal und in der Bücherstube. Die Aufgaben dienen dazu, den »Anschluss« in der Schule zu halten und Wichtiges, z. B. Fremdsprachen, regelmäßig zu üben. Via Skype werden Neuigkeiten mit Mitschülern in der Stadt ausgetauscht. Die Lernzeit begleiten wahlweise die »Hofeltern« oder die sozialpädagogisch geschulten Betreuer, die auf dem Hof leben. Anschließend werden Tiere eingestallt, es wird zu Abend gegessen, der Tag ausgewertet und Tagebuch geschrieben.

3

UNSERE ZUKUNFTSHERAUSFORDERUNGEN

UND WIE WIR SIE BEWÄLTIGEN

Schulen sind keine isolierte Welt. Sie sind essentieller Teil unserer Gesellschaft. Die Zukunft der Gesellschaft bestimmt auch die Zukunft der Schule. Besser: Sie sollte es tun. Aus den Herausforderungen der Zukunft folgt, auf welche Zukunft Schule junge Menschen vorbereiten muss und was wir von Schule erwarten. Wie sehen sie aus, die Herausforderungen der Zukunft? Bereitet das ABC des Wissens hinreichend auf den gesellschaftlichen Wandel vor? Oder verlangt das 21. Jahrhundert mit seiner Komplexität ein radikales Umdenken, ein ganz neues Verständnis von Wissen und Lernen? Sind innovatorische Fähigkeiten gefragt, um neue Modelle des Zukünftigen entwerfen zu können?

Die ökologische Herausforderung

1972 hat der Bericht *Die Grenzen des Wachstums* des Club of Rome erstmals einer breiten Öffentlichkeit die komplexen Zusammenhänge und die Folgen exponentiellen Wachstums in Systemen aufgezeigt. Heute ist es überdeutlich: Unser Lebensstil des Höher, Schneller, Weiter ist nicht zukunftsfähig. Wir stehen vor massiven globalen Herausforderungen. 870 Millionen Menschen hungern. Milliarden Menschen haben keinen Zugang zu sauberem Wasser. Es geht mehr Geld und Forscherkraft in Rüstung und Zerstörungsgeist als in die Ermöglichung der Millenniumsziele. Im März 2014 präsentierte der Weltklimarat in Yokohama eindeutige Ergebnisse: Die Erderwärmung hat nicht nur Folgen für das Klima, sondern birgt zudem ein großes Risiko für Armut, Hunger und Bürgerkrieg. Unsere CO_2-Emissionen haben eine unüberschaubare Kettenreaktion ausgelöst.

Angesichts der Größenordnung dieser Herausforderungen versuchen viele Menschen und Institutionen mit noch mehr Anstrengung den Status quo aufrechtzuerhalten. Sie tun dies mit Rezepten von gestern, statt von Albert Einstein zu lernen, der zu Lebzeiten bereits Folgendes feststellte: Probleme lassen sich nicht mit denselben Methoden und Denkweisen lösen, durch die sie entstanden sind.

Neue Denkansätze sind notwendig. Opportunistische Schnellreparaturen gehen nicht an die Wurzel. Immer mehr Menschen spüren das. Wir werden bewusster, handeln jedoch meist reaktiv. Schock-Lernen nannte der Club of Rome das wiederum 1979 in seinem Bericht *Das menschliche Dilemma* und forderte antizipatorisches und partizipatorisches Lernen für die Schulen, als Grundessenz zum vorausschauenden Handeln. Bis heute ist diese Forderung nicht eingelöst. Deswegen haben wir heute kein Wissens-, sondern ein Handlungsdefizit. Handlungsmut und Selbstwirksamkeitserfahrungen stehen in der heutigen Schule nicht im Curriculum. Daher ist es nicht verwunderlich, dass die Beschwörung der Apokalypse bei vielen Menschen dazu führt, dass sie sich angesichts der Komplexität der Herausforderungen für zu klein halten, um zu handeln.

Lösungen für ökologische Fragen werden heute vor allem in Effizienzsteigerungen im naturwissenschaftlich-technischen Bereich gesucht. Die eigentliche Frage, wie wir leben wollen, ist jedoch eine soziale und kulturelle Aufgabe. Eine nachhaltige Zukunft wird alle erdenklichen Formen kollektiver Kreativität brauchen. Der kreative Lernprozess fußt auf der Kraft einer Vision; dem Wechsel von einem reaktiven zu einem kreativen Tun. Wir haben ein riesiges Potenzial, das noch nicht erschlossen ist. Die Autoren von *Die Grenzen des Wachstums* sehen heute fünf Ansätze, um den Wandel zu mehr Nachhaltigkeit voranzutreiben: Entwicklung von Visionen, Aufbau von Netzwerken, Wahrhaftigkeit, Lernbereitschaft und Nächstenliebe.

Wir brauchen dazu Wissen plus Verantwortung, Visionskraft, Handlungsmut, Vernetzungsfähigkeit, Querdenken, Zivilcourage, Spiritualität und Intuition – und das kann Schule leisten!

Der Wandel des Arbeitsmarktes

Im Übergang von der Dienstleistungs- zur Wissensgesellschaft verändert sich unsere Arbeitswelt radikal. Wissen und Routinetätigkeiten wandern in Maschinen. In Zukunft zählen Kreativität und die Fähigkeit, mit Unvorhersehbarem intelligent umzugehen. Klassische Bildungsbiografien verlieren an Bedeutung. Der Erfolg von Unternehmen wird immer mehr davon abhängen, wie kreativ Wissensarbeiter kooperieren. In der Welt der Kreativökonomie wird der Einzelne zum Projektleiter und damit zum Chef auf Zeit. Doch Schule ist weitgehend stecken geblieben in bürokratischen

Strukturen und Routinen festgelegter Tagesabläufe. Erfolg hat, wer sich am besten anpasst. Hierarchische Schulstrukturen, in denen Beziehungsqualität angesichts von Stofffülle und Zeitmangel eher Glückssache ist als zentraler Fokus, sind keine ausreichende Vorbereitung auf diesen fundamentalen Wandel. Nur wer wertschätzende Beziehungen erlebt hat, kann auch wertschätzend mit anderen umgehen.

Gleichzeitig benötigt die Führungskraft der Zukunft neue Führungskompetenzen. Die Mitarbeiterin und der Mitarbeiter von heute und von morgen möchten mit ihrer Persönlichkeit zunehmend ihre Arbeitswelt prägen und gerade keine Pflichterfüller sein. In Deutschland werden angesichts des demographischen Wandels und der damit verbundenen riesigen Talentlücke Unternehmen zukünftig viel stärker auf die Bedürfnisse der Mitarbeiter eingehen müssen. Eine wertschätzende Beziehungskultur und Potenzialentfaltung prägen diesen Kulturwandel. Moderation und Identitätsstiftung statt Befehl und top down heißt die Devise. Aus Ranghierarchie wird Kompetenzhierarchie. Die Führungskraft der Zukunft muss auch mediatorische und intuitive Fähigkeiten besitzen. Sie hört die Interessen und Bedürfnisse der unterschiedlichen Stimmen und nimmt neue Perspektiven wertschätzend auf.

Ein Zeichen des bereits stattfindenden Wandels sind heute die zahlreichen Entrepreneure. Sie handeln nach dem Prinzip »Kopf schlägt Kapital« (Günter Faltin), sind Musterbrecher und praktizieren die Fähigkeit des Neu-Denkens, der kreativen Zerstörung, statt das Gewohnte zu optimieren. Und immer mehr Entrepreneure handeln nicht nur ökonomisch, sondern werden zu Sinn-Unternehmern. Social Entrepreneurs zeigen, dass die Zivilgesellschaft Probleme in die Hand nimmt und ganz im Sinne des Friedensnobelpreisträgers Muhammad Yunus Unternehmen gründet, um genau diese zu lösen.

Wir brauchen Wissen plus Selbstorganisation, Selbstführung, Fähigkeit Grenzen zu setzen, Gestaltungswillen, Teamkompetenz, Umgang mit Pluralität und Komplexität, Intuition, Wertschätzung, Begeisterungsfähigkeit, Umgang mit Unsicherheiten und disruptiven Veränderungen. Und das kann Schule leisten!

Globalisierung und kulturelle Identität

Nie waren die Lebenswelten der Menschen auf unserem Planeten dergestalt miteinander verbunden und voneinander abhängig. Durch die rasante ökonomisch-technologische Veränderungsdynamik sowie die Globalisierung der Kapitalströme und Produktionsstandorte flexibilisieren und globalisieren sich auch Biografien, sodass es auch auf der Ebene kultureller Identitäten zu zunehmenden Verflechtungen kommt. Der evolutionäre »Mechanismus« in uns bindet uns zunächst an Vertrautes, denn Vertrautes gibt Sicherheit und Schutz. Spezifisches Vertrauen durch »Bonding« nennen das die Soziologen. Das Fremde wird schnell als das Feindselige angesehen.

Eine andere Haltung wird notwendig. Es gilt, sich mit dem Fremden anzufreunden. Unspezifisches Vertrauen ist gefragt, »Bridging« in der Spache der Soziologen. Und welchen Geist prägt unsere Schulwelt heute? *Etikettieren, sortieren, ausgrenzen.* Strukturell bedingt und im heimlichen Lehrplan verankert (mehr zum sogenannten »heimlichen

Lehrplan« weiter unten). Globale Herausforderungen verlangen aber nach einer globalen Partnerschaft, in individueller, in intergenerativer, in globaler Verantwortung. Dazu ist globales Bewusstsein vonnöten. Gleichzeitig brauchen Menschen Beheimatung und Wurzeln. Sich als Weltbürger verstehen lernen und dabei seiner kulturellen Identität verwurzelt bleiben, ist eine neue Dimension von Bewusstheit und Haltung. Zu lernen, zusammen zu leben, wird zu *der* großen Herausforderung unserer Zeit. Finden wir einen partizipativen Weg im wechselseitigen Verstehen und in einer interkulturellen und multikulturellen Verständigung.

Wir brauchen Wissen plus transnationale Bewusstheit, Respekt, Diversity-Kompetenz, Empathie und Perspektivwechsel, Offenheit und Fähigkeit zu Bridging, Umgehen mit Unsicherheit, Gespür, mit dem Herzen sehen, und Mut, mit dem Herzen zu handeln – und das kann Schule leisten!

Demokratieentwicklung

Wachsende Vernetzung, wachsende Abhängigkeiten, wachsende Unsicherheit und Unvorhersehbarkeit bergen Spannungen in sich. Diese zeigen sich z. B. in der Abwehr des Fremden. Der Soziologe Wilhelm Heitmeyer untersuchte in der Langzeitstudie *Deutsche Zustände* solche gruppenbezogenen Menschenfeindlichkeiten in Deutschland. Er stellt zunehmende soziale Kälte und Entsolidarisierung fest, auch in Akademikerkreisen. Offensichtlich führt die Vermehrung von Wissen nicht automatisch zur Vermehrung der Menschlichkeit. Menschlichkeit ist eine Haltung. Man lernt sie nicht rein kognitiv. Ebenso wenig wie Demokratie. Hier ist der heimliche Lehrplan ausschlaggebend, der stärker prägt als Bücherwissen. Mit heimlichem Lehrplan ist Folgendes gemeint: Die Schule vermittelt in ihren Strukturen, Organisations- und Arbeitsweisen, in ihrem systematischen Aufbau Werte, Normen, Regeln, die viel stärker auf alle Schulbeteiligten wirken als jeder mit noch so guten Inhalten gefüllte Unterricht.

Demokratisches Bewusstsein muss erfahren und dadurch immer wieder erarbeitet werden. Demokratie als historisch errungene Staatsform will gelebt werden. Demokratie und soziale Inklusion sind unverzichtbar, um zunehmend heterogene Gesellschaften unter dem Druck der Globalisierung zusammenzuhalten. Demokratie als gelebte Verantwortungsgemeinschaft steht vor der Aufgabe, Strukturen und Prozesse zu schaffen, damit die Gesellschaft als Ganzes besser lernt und sich weiterentwickelt. Sie bedarf ständig ihrer Wiedergewinnung durch Wachsamkeit, Achtsamkeit, Beteiligung, Aushandeln. Das will gelernt sein. Schule ist dafür nicht nur das ideale Feld; die Erziehung zur mündigen Bürgerin, zum mündigen Bürger ist sogar der Kernauftrag einer jeden Schule, so ist es auch in den Schulgesetzen der Länder fixiert. Mündige Bürger bringen Lust und Fähigkeit zur Gestaltung mit. Gemeinschaft ist ein selbstverständlicher Teil ihres Lebens. Sie sind zukunftsoffen und gleichzeitig mutige Bewahrer demokratischer Grundprinzipien.

Wir brauchen Wissen plus Verantwortung und Gemeinsinn, Kommunikations- und Konfliktfähigkeit, Teamkompetenz, Vertrauen in sich und andere, Wertschätzung, Herzkraft – und das kann Schule leisten!

Die Grenzen der Politik und die Partizipative: Wie sie denkt, wie sie handelt

Das politische System mit Parteien, Organen und Zuständigkeiten ist zentraler Kern des Willensbildungsprozesses. Es kommt jedoch angesichts der Veränderungsdynamiken und Komplexität in vielen Politikbereichen an seine Grenzen. Es fehlt an Visionen, langfristigen Strategien. Politik und Wissenschaft sind nicht kreative Treiber der notwendigen Transformationen; ihre Stärke ist Optimierung und Steuerung. Weder die Politik noch die Wissenschaft noch die Wirtschaft können die fundamentalen Probleme alleine lösen. Neues durch kreative Zerstörung zu entwickeln ist eine Fähigkeit der Zivilgesellschaft. Als Motor von Veränderungen arbeitet sie an vielen Projekten des Neu-Denkens. Die soziale Intelligenz der Zivilgesellschaft ist eine enorme Ressource. Um die Herausforderungen des 21. Jahrhunderts zu lösen, brauchen wir neben der Legislative, der Exekutive und der Judikative als die vierte Kraft die *Partizipative*.

Wir brauchen Wissen plus Gestaltungswillen, Kreativität, Mut zum Musterbruch, Neu- und Querdenken – und das kann Schule leisten!

Die neue Art des Denkens und Handelns

Wie sieht so eine Partizipative aus? Wirkliche Veränderungen können nur aus einer gemeinsamen Mitte von Politik, Wissenschaft, Wirtschaft und Zivilgesellschaft erwachsen. Es geht darum, verschiedene Sichtweisen zu integrieren, damit das vorhandene Wissen aller Akteure in Lösungen einfließen kann. Es geht um den Mut zum Paradigmenwechsel. Vom Machbarkeitswahn zur Nachhaltigkeit, vom Geist der

Konkurrenz zur Kraft des Miteinander. Die neue Art des Denkens stellt Selbstverständlichkeiten infrage statt Altes zu optimieren. Laien werden zu Experten. Think global, act local. Kollektive Intelligenz ist die Weisheit vieler, eingespeist in das gemeinsame Netzwerk aller. Die Schule nutzt diese Chance bisher kaum, obwohl in jedem Klassenzimmer der Schatz vieler vorhanden ist. In der Schule lebt noch der Geist des Einzelexpertentums, es herrscht die Stoffvermittlung durch Lehrer vor. Und dieser Logik folgend wird Schülerwissen in Einzelklausuren abgeprüft, statt den Lernenden anspruchsvolle Herausforderungen zu geben, die nur mit der Weisheit vieler gemeinsam gelöst werden können.

Jede und jeder kann in seinem eigenen Einfluss- und Verantwortungsbereich handeln. Wenn wir so erfahren, dass wir gestaltendes Mitglied der Welt sind, entsteht Verbundenheit und Verantwortung, wird der Handlungsspielraum spürbar und weit. Lebenslanges Lernen heißt dann nicht nur Anpassung an veränderte Lebenswelten, sondern bedeutet die Entwicklung des kreativen Potenzials der gesamten Persönlichkeit. Innovation entsteht durch Menschen. Vom Konsumbürger zum Musterbrecher. Musterbrecher ersetzen alte Modelle durch neue. Mutig und intrinsisch motiviert leben sie Visionen, brechen eingefahrene Gepflogenheiten. Innovation folgt aus kreativer Zerstörung.

So gelebt, entsteht eine demokratische Wissensgesellschaft, die aus den vorhandenen Erkenntnissen Handlungsschritte entwickelt. Sie probiert Neues aus, erstellt Prototypen und holt sich darauf umgehend Rückkopplung und Feedback. Diese Prototypen werden angepasst und neue, langfristige, skalierbare Lösungen entwickelt. Auf diese Weise wird die Wissens- zu einer Prozessgesellschaft: Es wird nicht mehr nur repariert, sondern in einem vernetzten Vorgehen werden neue Prozesse entwickelt, die lebendig genug für notwendige Veränderungen sind. Und es entsteht eine Gesellschaft, die mit vielen Akteuren selbst handelt – politische, soziale und ökologische Unternehmer, die die notwendigen Veränderungen selbst in die Hand nehmen, statt auf eine höhere Instanz zu warten. Der Mensch mit seinen individuellen Potenzialen steht dabei im Mittelpunkt.

Wir brauchen Wissen plus Kreativität, ein Gespür für inneres Wissen, Neu- und Querdenken, Selbstwirksamkeitsüberzeugung, Wertschätzung von sich und anderen – und das kann Schule leisten!

Schule als gesellschaftliche Keimzelle

Für die vor uns liegenden Herausforderungen ist Bildung ein Schlüsselelement. Bildung entscheidet unseren Weg im 21. Jahrhundert, weltweit. Bildung beeinflusst maßgeblich, wie gut Kinder mit den immer komplexer werdenden Herausforderungen unserer Zeit zurechtkommen. Bildung ist eng verwoben mit wirtschaftlicher Innovation, sozialer und ökologischer Gerechtigkeit, Menschlichkeit und Gemeinschaft. Sie prägt unsere Sichtweisen auf die Welt. Sie prägt unsere Haltung. Die Herausforderungen der Gegenwart und der Zukunft bestimmen, was und wie wir lernen wollen. Jedenfalls wird von uns verlangt, uns ständig selbst zu erneuern – als Personen, Organisationen, Regionen, Systeme und als Menschheit. Der Schlüssel dazu ist Lernfähigkeit. Damit verändert sich unser Verständnis von Lernen – und unsere Sicht auf die Schule im 21. Jahrhundert.

Fachwissen – das immer noch zentrale Element der heutigen Schule – spielt immer weniger eine Rolle. Lernen im Wandel wird zur Hauptressource für die Adaption an Veränderung. Jede zählt, jeder hat außergewöhnliche Fähigkeiten. Jede und jeder bringt einzigartiges Potenzial ein. Schule wird ein Ort der Potenzialentfaltung.

4
DIE SCHULE DES 20. JAHRHUNDERTS
EINE GELEBTE PARADOXIE

Im 20. Jahrhundert brauchte man für die Industriegesellschaft Menschen, die sich in Hierarchien und Weisungsstrukturen einordneten und in diesem Rahmen Aufgaben erfüllten. Darauf hat die Schule des 20. Jahrhunderts vorbereitet. Damals war Wissen noch nicht überall verfügbar und musste daher in der Schule zentral vermittelt werden. Das heißt nicht, dass Kreativität und Eigenverantwortung im 20. Jahrhundert keine Rolle spielten. Sie hatten jedoch in der Gesellschaftsstruktur und damit auch in der Schule einen anderen Stellenwert. Wir werden im Folgenden der Frage nachgehen, ob die Wissensschule des 20. Jahrhunderts auch auf die Herausforderungen der Zukunft angemessen vorbereiten kann. Wir werden aufzeigen, dass die Lernkonzepte des letzten Jahrhunderts unsere Kinder und Jugendlichen nicht dazu befähigen, sich den Herausforderungen des 21. Jahrhunderts angemessen stellen zu können.

Zersplitterung, Taktung und Konformität

Was Rilke vor über hundert Jahren so treffend formulierte, trifft auch heute noch zu:»Die großen Ideen haben in den Schulen alle Lebendigkeit verloren, sie sind abstrakt geworden und langweilig, weil in sie die Absichtlichkeit hineingelegt wurde, angewachsener, unpersönlich gewordener Vorrat von Wissen, leblos wie ein Konversationslexikon und ohne inneren Zusammenhang wie dieses. Nicht wonach das Kind fragt, gibt man ihm, sondern irgendein bestimmtes Quantum von fertigen Resultaten, die ihm vollkommen gleichgültig sind.«[6]

Der Umgang mit Komplexität in allen Lebensbereichen ist die Herausforderung der Zukunft. Dessen ungeachtet verharrt die Schule des 20. Jahrhunderts bei dem alten, einst sinnvollen Ziel der optimalen Wissensvermittlung und versucht Schritt zu halten mit dem rasanten Tempo, in dem sich heute das Wissen vermehrt. Statt den Anteil der Wissensvermittlung zu reduzieren, da Wissen heute jederzeit dank neuer Technologien abrufbar und verfügbar ist, finden wir überfrachtete Lehrpläne, deren Erfüllung für verständnisintensives Lernen keine Zeit lassen. Gleichzeitig werden einseitig kognitive Fähigkeiten gefördert. Der Schulalltag ist geprägt durch eine zusammenhanglose Abfolge von Fächern, ähnlich einem Fernsehprogramm. Die Klingel bestimmt den hektischen und lernfeindlichen Zeit- und Lernrhythmus, oft bleiben 300 Sekunden, die Fünfminutenpause, zum Umlegen des Schalters auf das nächste Fach, den nächsten Lehrer, die nächste Lerngruppe. Gelernt wird für den nächsten Test. Wir erleben eine Hierarchie von Fächern, bei der die bei PISA-Studien abgeprüften Fächer ganz oben stehen. Wir erleben Fragmentierung statt Interdisziplinarität. Das für Komplexität so wichtige verständnisintensive Lernen in Projekten, in denen Schüler eigenen Forscherfragen nachgehen, wird in der Schule des 20. Jahrhunderts durch die Struktur des eng getakteten Häppchenstundenplans systematisch erschwert, oft verhindert.

Fremdbestimmung und Lernen im Gleichschritt

Menschen werden zukünftig mit großer individueller Verantwortung für die Selbstorganisation ihres Lebens und ihrer Arbeit konfrontiert. Deshalb ist es wichtig, dass Kinder lernen, selbstbestimmt und selbstmotiviert zu lernen. Gerade nicht für Noten und den Lehrer. Die Schule des 20. Jahrhunderts setzt dagegen auf extrinsische Motivation. Inhalte werden meist durchgepaukt. Das passiert, weil Lehrer es oft als persönliches Versagen betrachten, wenn sie den Stoff nicht durchbekommen. Dabei heißt Stoff oft Schulbuch. Schulbücher verführen auch dazu, Parallelklassen zu vergleichen – wer ist schon wie weit? Insofern setzen Schulbücher mit vorgefertigten Arbeitsblättern oft nicht nur das Pensum fest, sondern bestimmen häufig auch die Unterrichtsmethodik. Die Lehrer wiederum greifen auf Arbeitsblätter zurück, weil sie mit dem Pensum der zersplitterten Alltage in vielen verschiedenen Klassen zeitlich und mental überfordert sind. So erleben sich Schüler als Objekt von Belehrung statt Subjekt eigener individueller Lernprozesse. Schüler und Lehrer werden im System zu Leistungserfüllern von Stoff – und das im Gleichschritt, da alle Mitglieder der Lerngruppe zeitgleich in standardisierten Prüfungen und Tests ihr Wissen und Können unter Beweis stellen müssen. Die Anpassung an den vorgegebenen Schulalltag führt eher zur Gleichgültigkeit gegenüber den Inhalten. Man ist froh, wenn alles gut funktioniert.

Der Aufbau von Standards ist ein sinnvoller Entwicklungsschritt gewesen im 20. Jahrhundert. Standards erleichterten den Schulwechsel und sorgten für ein gemeinsames (Mindest-)Niveau als wichtige Voraussetzung für den Einstieg an einer Universität. Die Verselbstständigung der Standards als alleiniger Maßstab ist jedoch kontraproduktiv. Das Abarbeiten und die Erfüllung von Zielen, die andere gesetzt haben, verhindern gerade das, worauf es in der Zukunft ankommt: Selbstbestimmung, Selbstakzeptanz, Selbstorganisation. Das lernt man durch selbstorganisiertes Handeln. Und Verantwortung lernt man, indem man Verantwortung übernimmt.

Arbeitsblätterkultur und Erfüllermentalität

Um für die komplexen Herausforderungen des 21. Jahrhunderts innovative Lösungen zu finden, brauchen junge Menschen Kreativität und die Fähigkeit, mit Fehlern und Scheitern produktiv umzugehen. Dafür bietet die Schule des 20. Jahrhunderts keinen guten Nährboden. 30 % der Kinder gehen mit Angst in die Schule. Angst und kreatives Problemlösen schließen sich aus. Angst ist ein Kreativitätskiller. Kreativität lebt von Begeisterung und Begeisterung entsteht in Freiräumen offenen Denkens, wenn gerade nicht alles vorherbestimmt ist. Kreativität braucht Räume zum Scheitern ohne Beurteilung. In der Schule des 20. Jahrhunderts herrscht dagegen Stress. Vergleichstests, Leistungsdruck und Standards prägen das System, Leistung wird ständig bewertet und beruht auf Normierung und Vergleich. Auch die Lehrer stehen unter Leistungsdruck und richten deshalb den Unterricht an bevorstehenden Tests aus. Kreative Einfälle, spontane Schülerinteressen, Umwege und Querwege bedrohen die zielgenaue Zeitplanung. Freiraum, Querdenken, Mut zum ergebnisoffenen Experimentieren sind in diesem System störend oder es ist einfach keine Zeit dafür vorhanden. Rilke beschreibt das so: »Wonach die Zeit am sehnlichsten verlangt, das sind immer wieder die großen Individualitäten, die anders sind: Denn immer ist mit ihnen die Zukunft gewesen. Wenn aber im Kinde die Individualität sich zeigt, wird sie verächtlich oder geringschätzig behandelt, womöglich, was für das Kind am schmerzlichsten ist – verlacht. Man geht mit ihnen um, als ob sie nichts Eigenes hätten und entwertet ihnen die Reichtümer, aus denen sie leben, um ihnen dafür Gemeinplätze zu geben.« Ja, so ist es in der Schule des 20. Jahrhunderts.

Der Unterricht ist oft vorgeplant mit Arbeitsblättern, deren Lösung im Lehrerhandbuch steht. Der heimliche Lehrplan, der sich im System daraus ergibt, heißt: »Tu das, was dir aufgetragen wird.« Auf diese Weise wird ein innovationsfeindlicher Erfüllergeist geprägt. Für unser Zusammenleben ist eine der vielen notwendigen Qualitäten die, sich in eine Gruppe, eine Gesellschaft, ein Unternehmen einordnen zu können und in angebrachten Situationen die Führung abzugeben, vielleicht den eigenen Willen zugunsten etwas Größerem zu opfern. Daneben braucht es, insbesondere in der heutigen Zeit, jedoch noch mehr: Die Grundbedingungen jedweder Innovation sind Autonomie, Selbstdenken, Urteilskraft, Persönlichkeitsstärke, Mut und maximale Interdisziplinarität.

Laufen lernt man durch Hinfallen. Fehler sind eine wichtige Lernquelle. Doch in der Schule werden Fehler rot angestrichen und führen zu schlechten Noten. Dieser heimliche Lehrplan verankert sich mental und prägt Menschen. Die Angst, Fehler zu machen und zu scheitern, ist als Kreativitätshemmnis auch in Unternehmen spürbar. Für die Schule des 20. Jahrhunderts gilt: Fehler und Scheitern sind nicht Freunde, sondern Katastrophen, verbunden mit Beschämung, schlechten Noten, Abstufung. Auch hier gilt: Es ist wertvoll und unumgänglich, im Laufe unserer Entwicklung den Unterschied zwischen richtig und falsch kennenzulernen – in den Situationen, in denen diese Schwarz-Weiß-Betrachtung anwendbar ist. Genauso, die Konsequenzen einer Fehlentscheidung, eines Fehlers wahrzunehmen – und daraus zu lernen. Die Haltung aber, mit der wir auf »Fehler« schauen, beeinflusst, wie wir experimentieren und uns in unbekannte Gefilde wagen.

Das Fehlen einer wertschätzenden Beziehungskultur

Grundlage für lebenslanges Lernen ist die gute Lernerfahrung. Beziehung, Vertrauen, Ermutigung und Wertschätzung sind zentrale Elemente einer Lernkultur, in der sich Potenziale entfalten können. Beziehung braucht Zeit und

Raum für Vertrauensentwicklung. Die Schulstruktur der Schule des 20. Jahrhunderts erschwert Beziehungsbildung. Lehrer hetzen alle 45 Minuten von einer Klasse in die nächste und unterrichten am Tag 100 Schüler, manchmal 180. Schule wird so zum Beziehungsverhinderungsort. Strukturell bedingt, nicht weil Lehrer das so wollen. Im Gegenteil. Viele Lehrer spüren das und es geht ihnen nicht gut damit. Denn Lehrer zu sein ist ein helfender Beruf, ein Menschen-Beruf. Selbst hoch engagierte Kollegen kapitulieren irgendwann vor dieser unmöglichen Aufgabe. Die fatale Botschaft dieses Systems lautet: Für das, was neben dem vermittelten Wissen auf Beziehungsebene so unschätzbar wichtig ist, bleibt keine Zeit.

Lernen ohne Lebensbezug

Lernen im Leben ist Erfahrungslernen. Humane und instrumentelle Fähigkeiten entwickeln sich in der bewusst gelebten Auseinandersetzung mit der Lebenswirklichkeit. Gemeinsinn stiftende Erfahrungen und Erfahrungen von Selbstwirksamkeit entstehen durch Lernen und Handeln im Leben. Durch die Erfahrung: Ich bin wichtig, ich werde gebraucht, auf mich kommt es an, ich kann etwas bewirken und andere freuen sich darüber. Sinnstiftendes Handeln ist eine der drei salutogenetischen Grundfaktoren. Die Schule im 20. Jahrhundert ist jedoch im Kern Rede- und Zuhörschule, fokussiert auf das Lernen aus Büchern und das Mitschreiben von Gehörtem. Es handelt sich hierbei um »Als-ob-Lernen« ohne Ernstcharakter – und Schüler spüren das. Die große Gefahr, die darin liegt, ist der Sinn-, Erfahrungs-

und Motivationsverlust, weil Lernen aus erster Hand und Erfahrungen von Selbstwirksamkeit fehlen. Erfahrung kann man mit der Vermehrung von Belehrung nicht ersetzen. Viele Schüler demotiviert es, einen Schulstoff mühsam zu pauken, den sie ihrer Meinung nach höchstwahrscheinlich nie mehr in ihrem Leben benötigen. Wird der gleiche Stoff jedoch in ein lebensnahes Projekt eingebettet, erschließt sich der Sinn. Aus Schulstoff wird ein Stück Lebenswirklichkeit.

Hierarchie und scheinbare Sicherheit

Die Schule des 20. Jahrhunderts ist durch Hierarchie geprägt und entspricht somit dem Erfüllerkonzept. Verwaltungsgeist, Kontrolle und oft auch Angst sind die Säulen dieses veralteten Konzepts. Führung soll steuern, kontrollieren, standardisieren und für Effizienz sorgen. Feststehende Lehrpläne und zentrale Prüfungen sollen Vergleichbarkeit garantieren. Der Unterricht ist vor- und durchgeplant, am Anfang der Stunde steht fest, was am Ende herauskommen soll. So werden auch heute noch angehende Lehrer in ihrer Ausbildung sozialisiert. Die Gauß'sche Normalverteilungskurve der Ziffern 1 bis 6 bestimmt das Notenspektrum. Unvorhergesehenes stört den festgelegten Plan. Für eine Zukunft, in der eine entscheidende Kompetenz der konstruktive Umgang mit Veränderungsdynamik und Unerwartetem ist, ist das weder zeitgemäß, noch entspricht es dem Menschenbild: auf Augenhöhe gemeinsam agieren, Ressourcen einbringen und Neues entwickeln.

Das selektive System

In heterogenen Gruppen agieren und handeln zu können gehört zu den drei Schlüsselkompetenzen für schulisches Lernen, die die OECD festgelegt hat. Denn der Umgang mit Heterogenität ist für die Zukunftsfähigkeit von Gesellschaften von maßgeblicher Bedeutung, der Kern der Friedensfrage. Statt Heterogenität als Schatz und wichtige Zukunftskompetenz zu sehen, setzt die Schule des 20. Jahrhunderts auf das selektive System. Doch wie kann das Zusammenleben in der einen Welt gelernt werden, wenn wir es noch nicht einmal wagen, unsere Kinder gemeinsam lernen zu lassen? Die Verschiedenheit von Menschen ist eine Bereicherung für jede Gesellschaft. Das können sich die meisten Menschen in Bezug auf Schule allerdings nicht vorstellen. Wie soll das gehen? Es passt nicht zu unseren eigenen Schulerfahrungen und inneren Bildern. Neue Einstellungen und Haltungen kann man sich nicht anlesen, sie entstehen durch neue Erfahrungen. Und wir, die Erwachsenen, haben die Chance und die Aufgabe, die Erfahrung dieses Reichtums von »Diversity« der nächsten Generation zu schenken. Unsere Kinder wachsen in einer Welt auf, in der sie sich vernetzen, eine Ahnung davon bekommen, was es heißt, Weltbürger zu sein, über Grenzen zu gehen und zu teilen. Im Kontext Schule erfahren unsere Kinder das Gegenteil, nämlich Selektion und Konkurrenzgeist.

Die Europäische Union hat Menschenrechte, Demokratie, Soziale Inklusion und Nachhaltigkeit zu ihren maßgeblichen bildungspolitischen Zielen erklärt. Doch die deutsche Schule des 20. Jahrhunderts ist weiterhin Weltmeister in Chancenungleichheit und Exklusion. Mit früher Auslese, geringer Durchlässigkeit, vielen Abbrechern und Bildungsverlierern hängt in keinem anderen Industrieland der Bildungserfolg so stark von der sozialen Herkunft der Eltern ab wie in Deutschland.

Die Selektion, die schon in der Grundschule greift, passt nicht in eine moderne Gesellschaft. Sie prägt das Handeln der Lehrer. Zwar gibt es viele Grundschulen, die ihre Lernkultur bereits verändert haben und ihre Kinder stärken und aufbauen. Doch spätestens ein Jahr vor dem Wechsel in weiterführende Schulsysteme erleben wir einen eklatanten Bruch in der Lernkultur fast aller dieser Schulen. Die meisten kennen das aus eigener Erfahrung mit ihren Kindern oder Enkelkindern oder aus Erzählungen von Freunden. Plötzlich weht der eisige Wind der Selektion. Nun geht es nicht mehr um Kinder, sondern um Notendurchschnitte, um Zehntelpunkte wie bei einem Wettkampf. Bewertung statt Bestärkung. Im vierten Schuljahr werden bis zu 22 Klassenarbeiten geschrieben. Diese entscheiden über den weiteren Weg. Kinder weinen, wenn sie eine Drei schreiben. Oft sehen sie sich dann als Versager. Kinder machen unter Druck anderen Kindern Druck. Wer eine schlechte Note hat, wird als Loser verlacht. Lehrer unter Druck, Eltern unter Druck, Kinder unter Druck – das kann nicht gesund sein. Und was machen wir in unserem Bewertungs- und Sortierwahn mit Kinderseelen? Die Atmosphäre des Besserseins bzw. des Besserseinmüssens vergiftet oft das soziale Miteinander. Kinder werden in ihrer individuellen Anstrengungsbereitschaft kaum gesehen, stattdessen müssen sie als Leistungslieferanten funktionieren. Seelische Verletzungen, psychosomatische Probleme und Angst sind die Folgen.

Was können wir dem entgegensetzen?

Die Konsequenzen des Systems

Während die Herausforderungen der Zukunft neben kognitiven Kompetenzen Liebe zur Schöpfung, Verantwortung gegenüber der Gesellschaft, Beziehungsfähigkeit, Fähigkeit zur Wertschätzung verlangen, ist die Schule des 20. Jahrhunderts gefährdet, Kinder zu passiven Konsumenten und Pflichterfüllern zu erziehen. PISA und andere Fachleistungs-Vergleichsstudien verführen dazu, dass Fachleistungswissen sehr viel wichtiger genommen wird als Menschlichkeit und Mitmenschlichkeit zu leben.

Die Schule des 20. Jahrhunderts produziert nicht nur viele Verlierer im System, sondern hält das System zudem nur aufrecht durch zusätzliche Hilfen. Mit einem Heer von Nachhilfelehrern, Nachhilfemüttern und tausenden privaten Nachhilfeinstituten. Deutschlands Eltern bezahlen jährlich 1,5 Milliarden Euro für private Nachhilfe. Statt an die Wurzel des Kinder- und Schulnotstandes zu gehen, wird dieser Missstand ohne großen Protest hingenommen. Das Leistungssteigerungsdenken ist in den Köpfen verankert. Mittlerweile nehmen schon Schüler der Grundschule Nachhilfe, weil sie eine Empfehlung für das Gymnasium erhalten möchten. Dieses Zweitsystem der Nachhilfe führt jedoch zu einer Verschärfung der Chancenungleichheit.

Wir haben infolgedessen nicht nur das quantitative Problem der Verlierer im System, wir haben auch ein qualitatives Problem. Selbst wer im bestehenden System der vorrangigen Wissensvermittlung vermeintlich erfolgreich ist, wird durch die einseitig kognitive Ausrichtung in der vollen Entfaltung der in ihm schlummernden Potenziale behindert statt zur Exzellenz gebracht. Die frühe Selektion impliziert und stabilisiert den Defizitblick, auf den unsere Lehrer im derzeitigen System ausgerichtet sind. Ist das Kind gut genug? Vor allem in den sogenannten Hauptfächern? Unser altes System macht Lehrer zu Defizit-Nachweisern, häufig gegen ihre Überzeugung. In bester Absicht suchen sie nun Fehler und Defizite, um diese dann zu beheben. Sie haben nicht den Wert und die Wirksamkeit einer Schatzsuchermentalität kennengelernt und verfügen im Übrigen auch nicht über die dafür nötigen Rahmenbedingungen. Gute Schule setzt an den Stärken an, entwickelt bei *allen* Beteiligten Potenziale und schafft Gelegenheiten, die jeweiligen Qualitäten in sinnvolle Kontexte einzubringen. Das Dilemma hierbei ist nur: Defizitorientierung und Potenzialentfaltungskultur sind zwei miteinander unvereinbare Haltungen.

Vor allem Lehrer erleben hautnah dieses Dilemma, das sich aus dem Anspruch, jedes Kind individuell zu fördern, und der Verhinderung dieses Anspruchs durch die derzeitige Unterrichtsorganisation ergibt. Dauerhaft gegen das innere Wissen zu handeln ist einer der stärksten Stressfaktoren. Die größte Wirkung im heimlichen Lehrplan hat das Schulsystem als Ganzes. Es verweigert vielen jungen Menschen den Umgang mit Vielfalt. Es lehrt, dass es Gewinner und Verlierer gibt, es lehrt Konkurrenzgeist, es lehrt, dass Schwache draußen bleiben. Es lehrt, dass es im Leben darauf ankommt, der oder die Beste zu sein.

Die Schule in Deutschland wird ihre inhumanen Wirkungen nicht wesentlich reduzieren, solange das Diktat der frühen Selektion das Denken und Handeln bestimmt. Die Schule der Zukunft wird dagegen eine Menschen-Schule sein, in der Inklusion selbstverständlich ist. Mit Menschen, die ihre Berufung und Verantwortung darin sehen, gemeinsam Schule so zu gestalten, dass es ihnen darin gut geht und sie Sinn erfahren. Sie werden von Systemerfüllern zu Systemgestaltern. In der Menschen-Schule wird »sense of dignity« und »sense of belonging« erfahren, durch sie wird gelernt, dass die Zukunft selbstwirksam gestaltbar ist – nach humanen und sozialen Maßstäben. Es geht um nicht mehr und nicht weniger als um den Erwerb von Erfahrungen und Fähigkeiten mit Blick auf eine humane und solidarische, eine ökologische und ökonomische, eine multikulturelle Welt.

Damit Kinder den Mut entwickeln können, ihre außergewöhnlichen Fähigkeiten zum Leuchten zu bringen, sind wir, die Erwachsenen, herausgefordert, dafür die Möglichkeiten zu schaffen: Gelegenheiten zu eigenverantwortlichem, selbstwirksamen und zukunftsorientiertem Handeln. Wir müssen den Mut aufbringen, aktive Visionäre zu sein, als Vorbilder Visionen nicht nur zu denken, sondern sie auch umzusetzen. Jetzt!

Die politische Sackgasse

Bildungspolitik ist in Deutschland Ländersache. Von Bundesland zu Bundesland unterscheiden sich Schulformen, Schulbezeichnungen, Länge der Grundschulzeit, Übertrittsbestimmungen, Lehrpläne, G8, G9 oder – wie in Berlin – G7. Bildung ist oft nicht vom Kinde her, von der Pädagogik her gedacht, sondern Machtinteressen und unterschiedlichen Auffassungen politischer Parteien untergeordnet. Die föderale Struktur verhindert, dass wir in Deutschland eine nationale Vision von Bildung entwickeln, eine nationale Bildungsstrategie, die wir dringend brauchen. Stattdessen verlieren wir uns in Reförmchen und Scheindebatten. In Zeiten globaler Vernetzung haben wir in Deutschland ein Kooperationsverbot in Bildungsfragen zwischen Bund und Ländern. Länder arbeiten in Konkurrenz zueinander, werben sich in Zeiten von Lehrermangel mit Werbegeschenken gegenseitig Personal ab.

In Deutschland ist die grundlegende Systemfrage ein politisch so brisantes Thema, dass sie inzwischen ausgeklammert wird. Man scheint sich auf das Zweisäulenmodell – das Gymnasium und eine zweite Schulform daneben – zu einigen, alternativlos, um des politischen Friedens willen. Wir müssen uns allerdings fragen: Kann der Leitwert Soziale Inklusion, können Perspektivwechsel, Empathie, Achtung und Respekt vor anderen in einer Schule, die auf Selektion angelegt ist, wirklich in den Herzen der Menschen wachsen? Kann das menschliche Potenzial damit voll ausgeschöpft werden?

Es fehlt in der Gesellschaft nicht an Wissen, sondern an Gemeinsinn, Wir-Gefühl und Verantwortung für das große Ganze. Und bei Potenzialentfaltung geht es um das volle Potenzial, um das, was uns als Menschen bei aller Verschiedenheit verbindet. Um Menschlichkeit.

5
DIE PERSPEKTIVE INTERNATIONALER EXPERTENGRUPPEN

In den vergangenen Jahrzehnten hat eine Reihe von hochkarätigen internationalen Expertengruppen Anforderungen an das Lernen formuliert. Sie sind brandaktuell.

Die unter Edgar Faure entstandene Schrift *Wie wir leben lernen*, 1972 als UNESCO-Bericht über Ziele und Zukunft unserer Erziehungsprogramme veröffentlicht[7], nennt als zentrales Bestreben jeder Bildungsarbeit und jedes menschlichen Lernens, die verantwortungsbewusste, aktive demokratische Mitwirkung möglichst vieler Menschen an der Sicherung einer friedlichen, humanen Zukunft zu ermöglichen. Die traditionellen Schulen und Bildungseinrichtungen seien bisher nicht in der Lage, die noch zu etwa 50 % brachliegenden Begabungspotenziale zu entwickeln. Es komme darauf an, das natürliche, situative Lernen in praktischen Lebens- und Arbeitszusammenhängen voranzubringen.

Dafür brauche der Schüler eine neue Rolle. »Entgegen den traditionellen Vorstellungen und Praktiken muss der Unterricht sich an den Lernenden anpassen und sich nicht dieser den im voraus festgelegten Regeln des Unterrichts unterwerfen.« (S. 290). »In der gegenwärtigen Situation genügt es angesichts der wachsenden Möglichkeiten und der bereits gemachten Erfahrungen im Allgemeinen nicht mehr, nur partielle Reformen, und seien sie noch so bedeutend, durchzuführen. Es gilt vielmehr, grundsätzliche Alternativen ins Auge zu fassen, die die Konzeption und die Struktur des Erziehungswesens tangieren.« (S. 246)

Sieben Jahre später, 1979, wird dieser Gedanke vom Club of Rome mit dem Bericht *Das menschliche Dilemma. Zukunft und Lernen* aufgegriffen und erweitert.[8] Das »menschliche Dilemma«, so die Autoren, sei die »Diskrepanz zwischen der zunehmenden Komplexität aller Verhältnisse und unserer Fähigkeit, ihr wirksam zu begegnen.« (S. 25) Die Herausforderung liege darin, »dass wir uns genau an dem Zeitpunkt der Geschichte so vielen Problemen gegenübersehen, an dem die Menschheit einen Höhepunkt ihres Wissens und ihrer Macht erlangt hat«. (S. 26) Die Größe des »Dilemmas« spiegele sich in dem »Missverhältnis zwischen Macht und Weisheit« wider. (S. 92) Maximierung von Wissen allein vermag die Weltprobleme offensichtlich nicht zu lösen; sie verschärft sie eher noch. Die Notwendigkeit einer kritischen Revision der »gegenwärtigen, konventionellen Bildungskriterien« sei daher vonnöten. Diese müssen durch eine »ethische Dimension vervollständigt werden«. (S. 127) Der Bericht konstatiert: »Die Schule legt vornehmlich Wert auf die Sprache: Was geschah mit den Werten?« Und »die Auswirkungen blockierter innovativer Lernprozesse« führe zu »Irrelevanz und Vergeudung des menschlichen Potenzials«. (S. 112 f.) Eine Grundintention für innovative Lernprozesse sei die Überwindung unangemessener Grenzen: der Grenzen zwischen den einzelnen Fachdisziplinen, der Trennung von Universität und Gesellschaft und der Trennung von Schule und Leben.

Die Delors-Kommission der UNESCO will 25 Jahre nach der Faure-Kommission[9] konkretisieren, wie die brachliegenden Kompetenzpotenziale gehoben werden können. Daher der Titel »Learning: The Treasure Within.« Sie geht dabei von der Überzeugung aus, dass der weitere Fortschritt der Menschheit weniger vom wirtschaftlichen Wachstum abhängen wird als vom Wachstum der Kompetenzen, die die Menschen brauchen, um die Gesamtentwicklung vernünftig zu steuern. Es geht um eine Lerngesellschaft, in der vier Säulen gleichwertig nebeneinander stehen:

▷ Lernen, Wissen zu erwerben
▷ Lernen, zusammenzuleben
▷ Lernen, zu handeln
▷ Lernen, zu sein

Die wesentlichen Aussagen der Delors-Kommission:
Die Kompetenzentwicklung eines Menschen sollte persönliche Mündigkeit und Selbstständigkeit, die Fähigkeit, selbst zu denken und zu entscheiden sowie das Vermögen zur kreativen und verantwortungsbewussten Selbststeuerung des eigenen Lebens und Lernens zum Ziel haben. Im Zuge dessen muss auch das lebenslange Lernen eines jeden Lernenden zunehmend selbstständig, aus eigener Initiative und in eigener Verantwortung gestaltet werden. »Bildung muss die Saat eines neuen Humanismus werden. Ein Humanismus, der deutlich durch eine ethische Komponente charakterisiert ist und sein Gewicht auf Wissen und Respekt vor anderen Kulturen und spirituellen Werten verschiedener Zivilisationen legt.« (S. 41) Lernen solle mithelfen, »ein aktives Gemeinwesen aufzubauen, (…) als Bindeglied zwischen vereinzelten Individuen und einer fernen politischen Autorität (…). Dabei solle es jedem ermöglicht werden, sei-

nen Teil an Verantwortung in der Gemeinschaft zu übernehmen«. (S. 52)

Der Appell der Kommission ist deutlich: »Die Menschen haben, oft, ohne es zu wissen, und oft, ohne dies in Worte zu fassen, eine Sehnsucht nach einem Ideal und nach Werten, die wir als moralisch bezeichnen wollen. Somit ist die vornehmste Aufgabe von Bildung, alle und jeden zu ermutigen, in Übereinstimmung mit Traditionen und Überzeugungen zu handeln und Pluralismus voll zu respektieren, mit Herz und Verstand zur Ebene des Universellen vorzustoßen und damit in gewisser Weise über sich selbst hinauszuwachsen. Die Kommission übertreibt nicht, wenn sie sagt, dass davon das Überleben der Menschheit abhängt.« (S. 15)

Das Konzept der *Bildung für nachhaltige Entwicklung* war geboren und die Mitgliedsstaaten der Vereinten Nationen riefen von 2005 bis 2014 die UN-Dekade für nachhaltige Entwicklung aus. Sie will ihre Prinzipien weltweit in den Bildungssystemen verankern.

Das Konzept der Gestaltungskompetenz
▷ Weltoffen und neue Perspektiven integrierend Wissen aufbauen
▷ Vorausschauend Entwicklungen analysieren und beurteilen
▷ Interdisziplinär Erkenntnisse gewinnen und danach handeln
▷ Gemeinsam mit anderen planen und handeln
▷ An kollektiven Entscheidungsprozessen teilhaben
▷ Sich und andere motivieren, aktiv zu werden
▷ Die eigenen Leitbilder und die anderer reflektieren
▷ Selbstständig planen und handeln
▷ Empathie für andere zeigen[10]

Einen erheblichen – wenn auch manchmal zwiespältigen – Einfluss auf nationale und europäische Bildungspolitik hat die Arbeit der OECD, die Organisation für wirtschaftliche Zusammenarbeit und Entwicklung. Die OECD hatte in den Neunzigerjahren Bildung als Wirtschaftsfaktor auf ihre Agenda gesetzt. Um den Bildungswettbewerb, Effizienz und Vergleichbarkeit anzutreiben, wurde der PISA-Test entwickelt. Die Debatte um PISA hat Vor- und Nachteile. Das immer wiederkehrende PISA-Monitoring verführt einerseits zu nationalen Wettkämpfen, die oft in Kurzzeitmaßnahmen münden, um auf der Skala der Länderhierarchie einen besseren Platz zu belegen. Wirklich tiefgreifende Veränderungen können nur in wenigen Systemen festgestellt werden. Viele Schulen in Deutschland richten ihre Unterrichtstätigkeit einseitig auf die PISA-Tests aus und legitimieren damit zum Teil das bestehende System. Das sind große Nachteile des OECD-Projekts.

Wenn man allerdings den Fokus auf die Grundgedanken des PISA-Tests richtet, dann erkennt man weitreichende Gedanken, wie Lernen in Zukunft aussehen sollte. Sie gehen weit über das hinaus, was wir in Form von Mathe- und Deutsch-Kompetenztests über PISA wissen.

In dem OECD-Bericht *PISA und die Auswahl von Schlüsselkompetenzen* (2005) heißt es unter der richtungweisenden Überschrift »Über Schulwissen und kognitive Fähigkeiten hinausgehend«: »(...) Von den Menschen wird nicht nur Anpassungsfähigkeit, sondern auch Innovationsfähigkeit, Kreativität, Selbstverantwortung und Eigenmotivation erwartet. Viele Wissenschaftler und Experten sind sich darin einig, dass für den Umgang mit den heutigen Herausforderungen Fähigkeiten zur Lösung komplexer mentaler

Aufgaben erforderlich sind, die weit über die einfache Wiedergabe angesammelten Wissens hinausgehen. Schlüsselkompetenzen bedingen die Mobilisierung von kognitiven, praktischen und kreativen Fähigkeiten sowie anderer psychosozialer Ressourcen wie Einstellungen, Motivation und Wertvorstellungen. (...) Den Kern der Schlüsselkompetenzen bildet die Fähigkeit zum eigenständigen Denken als Ausdruck moralischer und intellektueller Reife sowie zur Übernahme von Verantwortung für das eigene Lernen und Handeln.«[11]

Die OECD hat Kernkompetenzen definiert, die in allen Bildungssystemen erworben werden sollen. Als Schlüsselkompetenzen sind sie nicht nur für Spezialisten, sondern für alle Mitglieder in unserer Gesellschaft wichtig. Sie sollen dabei helfen, die kollektiven Herausforderungen (»Herstellen eines Ausgleiches zwischen Wirtschaftswachstum und nachhaltiger Entwicklung sowie zwischen Wohlstand und sozialem Ausgleich«) zu meistern.

Die drei Kategorien der Schlüsselkompetenzen öffnen einen ganz neuen Blick auf PISA:

▷ *Interagieren in heterogenen Gruppen*
Bürger sollen mit sozial und kulturell heterogenen Gruppen erfolgreich umgehen und gemeinsam handeln können.

▷ *Autonome Handlungsfähigkeit*
Menschen sollen in der Lage sein, Verantwortung für ihre Lebensgestaltung zu übernehmen, ihr Leben in einem größeren Kontext zu verstehen und autonom handeln zu können.

▷ *Interaktive Anwendung von Medien und Mitteln*
(z. B. neue Informationstechnologien)
Menschen sollen diese Tools in einer zunehmend vernetzten Welt gut genug verstehen, um sie für ihre eigene Zwecke anzupassen und zu nutzen.

Bemerkenswert ist, dass Deutschland sich an der Messung sozialer und politischer Kompetenzen aus Anlass von PISA 2009 oder der Civic-Education-Studie der IEA von 2009 nicht beteiligt hat.

Stellen wir die grundlegende Frage: Machen wir das Alte richtig(er) bzw. tun wir überhaupt das Richtige?

Unsere Antwort lautet: Was wir im Moment tun, ist das alte System zu reparieren und zu optimieren, systemimmanent und möglichst kostenneutral. Daraus kann kein großer Zukunftsentwurf erwachsen.

Wir haben viele gute Schulen in Deutschland, überall in der Republik. Schulen, die die Schule des 20. Jahrhunderts hinter sich gelassen haben, die Vielfalt und Demokratie leben, bei denen es sich um Wirkstätten der Menschlichkeit und Persönlichkeitsbildung handelt. Es sind jedoch nur wenige. Wenn wir von *Schule in Deutschland* sprechen, meinen wir alle Schulen bundesweit. Das sind 40 000. Die meisten davon sind heute noch in Denk- und Beziehungsmustern des 20. Jahrhunderts gefangen.

Es muss ein Aufbruch in die Fläche her. Und jede und jeder wird dabei gebraucht. Und wir glauben, dass Menschen Lust auf diesen Aufbruch haben – und dass die Zeit reif dafür ist.

6
EINE KULTUR DER POTENZIALENTFALTUNG
DIE GRUNDLAGE FÜR EINE NEUE SCHULKULTUR IN DEUTSCHLAND

Was sind Potenziale? In jedem Menschen schlummern ungeahnte Möglichkeiten. Es ist schwierig zu beurteilen, was jemand kann und was nicht; und von den eigenen Potenzialen mag ein Mensch noch gar nichts wissen. Doch wenn wir an die in uns schlummernden Potenziale kommen wollen, brauchen wir im Laufe des Lebens vielfältige Möglichkeiten, diese zu entdecken: Situationen, die berühren, herausfordern, inspirieren. Dies gilt ganz besonders für eine Entwicklungsphase, die prägend ist für das ganze spätere Leben: die Phase der Kindheit und Jugend. In diesem Abschnitt treten kleine Persönlichkeiten ihre Entdeckungsreise ins Leben an und sollten ihren Weg offen und ohne innere Sperre gehen können. Wer in dieser Phase nicht lernt, an sich zu glauben, für den wird es schwierig, Zutrauen in die eigenen Kräfte und Fähigkeiten zu entwickeln. Wer früh erfährt, dass er etwas bewirken kann, wird auch später die eigenen Möglichkeiten besser ausschöpfen und es leichter haben, das eigene Leben kraftvoll zu gestalten und einen wichtigen Beitrag zum Ganzen zu leisten. Um die eigenen Potenziale zu entdecken, brauchen also Menschen, insbesondere junge Menschen, Aufgaben, an denen sie wachsen können, Selbstwirksamkeitserfahrungen und Anerkennung in einer wertschätzenden Beziehungskultur, in der sie nicht nur sich, sondern auch einem Du begegnen, einem Gegenüber, mit dem sie in Beziehung treten.

Potenzialentfaltung heißt also, die individuellen eigenen Anlagen und Talente zu entdecken und mit ihnen zu wachsen. Dabei erweitern sich Selbstwahrnehmung und Selbstbewusstsein ebenso wie die Wahrnehmung der Welt. Wo Menschen erleben, dass sich ihre Potenziale entfalten können, entstehen Freude und Lust am Lernen und am Leben. Potenzialentfaltung ist insofern die Grundlage einer gelingenden selbstverantwortlichen Lebensgestaltung, in der jeder Mensch als Träger einzigartiger Anlagen Würde besitzt und das Recht hat auf (Selbst-)Wirksamkeit.

Bundeskanzlerin Angela Merkel greift diesen Gedanken in ihrem Vorwort zu dem von ihr herausgegebenen Buch zum Zukunftsdialog auf: »Unser Land braucht jedes Talent. Und jeder von uns hat Talente, jeder von uns kann etwas beitragen. Das gilt für alle, für Menschen mit und ohne Behinderung, für die, die als leistungsstark angesehen werden, und die vermeintlich Schwächeren, die oft genug erst dadurch schwach werden, dass wir ihnen zu wenig zutrauen.« Und weiter: »Denn Bildung ist viel mehr als reine Wissensvermittlung. Bildung umfassend verstanden schafft den Raum, in dem der Einzelne eine Vorstellung davon entwickelt, was er alles mit seinen eigenen Kräften erreichen kann. Bildung umfassend verstanden befähigt zu einem selbstbestimmten Leben. Bildung umfassend verstanden macht Mut und Zuversicht. Sie gibt die Kraft, Verhältnisse zu ändern, die eigenen wie die gesellschaftlichen.«[12]

Potenzialentfaltung

Das humanistische Menschenbild

Die Idee der Potenzialentfaltung ist nicht neu. Die »Höchstentfaltung« des Menschen lässt sich als Ideal bis in die Antike zurückverfolgen. Denn es ist ein menschliches Grundbedürfnis, sich mit allen Möglichkeiten und Anlagen zu entfalten und so zu einem umfassenden Menschsein zu gelangen.

Grundlage dieses Prozesses ist, dass bei aller Verschiedenheit von Menschen dennoch jeder Mensch von seinen Anlagen her einzigartig ist und sich so seine Individualität herauskristallisiert. Man kann auch sagen: Wir alle kommen mit einem einmaligen Set an Potenzialen auf die Welt. Diese Einzigartigkeit eines jeden ist von der Gesellschaft zu achten. Aus ihr erwächst die Verpflichtung, Wege zu eröffnen, damit diese kostbaren Anlagen zutage treten und gefördert werden können. So entsteht Vielfalt auf der Basis von Einzigartigkeit. Solche Vielfalt ist ein Wert an sich.

Individualität ist nicht mit Vereinzelung zu verwechseln. Individualität ist gerade in der deutschen Vergangenheit vielfach dem Gruppendruck und dem Gruppenzwang untergeordnet worden. Dies kann nicht unser Ziel sein. Gleichwohl braucht Individualität Gemeinschaft. Es braucht das Du, die Auseinandersetzung mit dem Anderen. Wo es gelingt, in diesem Sinne »individualisierte Gemeinschaften« (Gerald Hüther) zu schaffen, in denen sich Menschen in ihrer Einzigartigkeit *und* in ihrer Zugehörigkeit erleben, entsteht ein Gefühl und ein Wissen um Verbundenheit, das nicht manipulativ und verführerisch wirkt, sondern den Einzelnen als Teil des Ganzen stärkt. Wechselseitige Wertschätzung und Respekt schaffen dann die Grundlage für Ko-Kreation und eine Verantwortlichkeit, die nach einer Konzertierung von Einzelinteressen und Gemeinwohl strebt.

Das Wissen um die Einzigartigkeit von Menschen und das Wissen um die Notwendigkeit von Gemeinschaft sind somit zwei Seiten einer Medaille. Wer die eine Seite schwächt, mindert auch die andere. Eine Gemeinschaft ohne Individualität wird zur (manipulierbaren) Masse. Eine Individualität ohne Gemeinschaft führt hingegen zur Vereinzelung. Wo Selbstwert und Selbstbewusstsein auch in einer Gemeinschaft gelebt werden, kann ein Gefühl von Verbundenheit entstehen, welches getragen ist von der Freiheit zur eigenen Individualität.

Der Prozess der Potenzialentfaltung hat nicht nur eine Bedeutung für den Einzelnen, sondern auch für Organisationen und ganze Kollektive. Menschen, Gruppen, Organisationen, Systeme werden lebendiger, intelligenter, kreativer, innovativer und kommen besser damit zurecht, auf aktuelle Herausforderungen und Unvorhersehbarkeiten zu reagieren. So erhöhen sich die Chancen, uns als wirkungsvolle Akteure des 21. Jahrhunderts erleben zu können. Wir lernen selbstverantwortlich die Phänomene unserer Lebenswelt zu begreifen und unsere Umwelt zu gestalten.

Wirtschaft und Innovationsfähigkeit

Wieso brauchen wir eine neue Idee der Wechselwirkung von Gemeinschaft und Individuum? Es sind die Veränderungen unserer Lebens- und Arbeitswelten, die zu diesen Gedanken anregen. Dies zeigt ein Blick auf die Welt der Unternehmen. Hier vollzieht sich gerade ein radikaler Kulturwandel, denn die Zukunft von Unternehmen hängt stark davon ab, ob sie sich auf eine Idee der Potenzialentfaltung einlassen.

Viele Unternehmen verändern bereits ihre Arbeits- und Führungskultur, da sie erkennen: Erfolg stellt sich nur dann ein, wenn es gelingt, die Talente und Leidenschaften ihrer Mitarbeiter zu fördern, statt Menschen durch starre Vorgaben in ihrer Entwicklung einzuschränken. Mitarbeiter brauchen, um sich kreativ und engagiert für Unternehmensziele einzusetzen, ein wertschätzendes Klima. Denn in einer wissensbasierten Arbeitswelt zeigt sich zunehmend, dass alte Effizienzstrategien ausgedient haben, weil der Mensch in dieser Verwertungslogik auf der Strecke geblieben ist. Unternehmen sind daher eingeladen, sofern sie zukunftsfähig sein wollen, sich für eine menschenzentrierte Führungskultur zu entscheiden.

Maßgeblich für diesen Kulturwandel ist, dass wirtschaftlicher Erfolg heute nicht zuletzt von der Fähigkeit zu Innovation und Kreativität abhängt. Unternehmen sind heute gefordert, Innovationen im Kleinen wie im Großen organisatorisch ebenso wie im Verhältnis zu ihren Kunden zu liefern. Ansonsten droht ihnen die Bedeutungslosigkeit. Um dieser Anforderung gewachsen zu sein, braucht es jedoch Menschen, die ihre Kreativität selbstbewusst und teamfähig in einen ko-kreativen Prozess einbringen können. Dies gelingt nur auf der Basis einer Kultur der Wertschätzung.

Solcher Wandel in der Arbeitswelt hat eine Bedeutung, die weit über das Bedürfnis nach Selbstverwirklichung und wirtschaftlicher Innovationsfähigkeit hinausgeht. Eine Kultur der Potenzialentfaltung kann eine Antwort liefern auf die Herausforderungen, die Dynamik und die Komplexität unserer sich verändernden Lebensbedingungen. In der derzeitigen gesellschaftlichen Krisensituation brauchen wir nachhaltige Lösungen für eine das Leben fördernde, menschliche Gesellschaft. Solche Lösungen können nicht von einer Sicht- oder Denkweise kommen, aus der heraus die meisten Probleme entstammen, mit denen wir heute konfrontiert sind. Wir sind daher aufgefordert – individuell und kollektiv –, über uns hinauszuwachsen. Ko-Kreation auf der Basis einer wertschätzenden Kultur der Verbundenheit ist hierfür unerlässlich. So stellen wir auf allen Ebenen einen starken Druck fest, zu grundlegenden Änderungen in unseren Beziehungen zu uns selbst, zu anderen und im Verhältnis zu Hierarchien und Weisungen zu gelangen.

Veränderte Führungs- und Erziehungsmuster
Führungs- und Erziehungsstile sind im Wandel begriffen. Die traditionelle Autorität, die sich auf Funktion, Rolle und Stand gründet und gekennzeichnet ist durch Kontrolle, Durchsetzung, Macht, wird abgelöst. Die neue Autorität gründet auf Präsenz, Anerkennung, Respekt und fokussiert auf Verbundenheit und Potenzialentfaltung. Erwachsene wirken durch Authentizität, haben Vorbildfunktion, sind Anker, geben Wurzeln und Flügel. Das ist ein Haltungswandel. So zeigt die bereits erwähnte Studie der Konrad Adenauer Stiftung deutlich, dass sich die Werthaltungen in unserer Gesellschaft in einer Richtung entwickelt haben, die von bestehenden Institutionen (noch) nicht ausreichend aufgegriffen werden: »Erziehungsstile kollidieren mit dem Schulsystem. Das Verhältnis der Eltern zur Schule hat sich in den letzten Jahren grundlegend verändert. Die Mehrheit der Eltern möchte die ganzheitlich ausgerichtete Entfaltung der Potenziale ihrer Kinder fördern und strebt eine Stär-

kung der Persönlichkeit an. Aus Sicht der Eltern vermittelt das Schulsystem isoliertes Wissen und setzt zu sehr auf intellektuell-kognitive Fähigkeiten. Der von ihnen angestrebte hohe Erziehungswert der Selbstentfaltung gerät in Konflikt mit den Leistungsanforderungen der Schule – vor allem des Gymnasiums.«[13]

Nicht nur in der Familie, auch in vielen Unternehmen und Organisationen steht die Transformation der bisherigen Beziehungs- und Führungskultur ganz oben auf der Agenda. Qualitäten des Kulturwandels zur Potenzialentfaltung sind: Der Mensch und seine Potenziale stehen im Mittelpunkt; es geht um Loslassen und Zutrauen statt um Bevormunden; gewünscht werden ein Ja zu Ethos und Sinn und darüber hinaus, sich mutig auf ergebnisoffene Settings einzulassen.

Schulgesetze und mündige Bürger

Gemeinsinn und Verantwortungsübernahme sind die Grundlagen einer demokratischen Gesellschaft. Der mündige Bürger mit der Fähigkeit zu Partizipation ist die Essenz einer Demokratie. Partizipation ist eine Haltung, die durch Kooperation, Dialoge und Empathie gekennzeichnet ist. Wirksame Partizipation beinhaltet nicht nur die Forderung nach Rechten, sondern auch die Übernahme von Verantwortung. So ist es nicht verwunderlich, dass die Persönlichkeitsentwicklung zum mündigen, verantwortungsvollen, handlungsfähigen Bürger der Kernauftrag von Schule ist, verankert im Bildungs- und Erziehungsauftrag in den Schulgesetzen aller Bundesländer.

Der Bildungs- und Erziehungsauftrag sei am Beispiel von Mecklenburg-Vorpommern und Bayern skizziert.

Das Schulgesetz für das Land Mecklenburg-Vorpommern lautet:
»Ziel der schulischen Bildung und Erziehung ist die Entwicklung zur mündigen, vielseitig entwickelten Persönlichkeit, die im Geiste der Geschlechtergerechtigkeit und Toleranz bereit ist, Verantwortung für die Gemeinschaft mit anderen Menschen und Völkern sowie gegenüber künftigen Generationen zu tragen.«

Lernziele (Auszug Schulgesetz Mecklenburg-Vorpommern)
Die Schülerinnen und Schüler sollen in der Schule insbesondere lernen,
▷ Selbstständigkeit zu entwickeln und eigenverantwortlich zu handeln
▷ Soziale und politische Mitverantwortung zu übernehmen
▷ Sich zusammenzuschließen, um gemeinsame Interessen wahrzunehmen
▷ Für Gerechtigkeit, Frieden und Bewahrung der Schöpfung einzutreten
▷ Verständnis für die Eigenart und das Existenzrecht anderer Völker, für die Gleichheit und das Lebensrecht aller Menschen zu entwickeln
▷ Mit der Natur und Umwelt verantwortungsvoll umzugehen
▷ Verständnis für wirtschaftliche und ökologische Zusammenhänge zu entwickeln

Schulgesetz Bayern – Bildungs- und Erziehungsauftrag
»Die Schulen haben den in der Verfassung verankerten Bildungs- und Erziehungsauftrag zu verwirklichen. Sie sollen Wissen und Können vermitteln sowie Geist und Körper, Herz und Charakter bilden. Oberste Bildungsziele sind Ehrfurcht vor Gott, Achtung vor religiöser Überzeugung, vor der Würde des Menschen und vor der

Gleichberechtigung von Männern und Frauen, Selbstbeherrschung, Verantwortungsgefühl und Verantwortungsfreudigkeit, Hilfsbereitschaft, Aufgeschlossenheit für alles Wahre, Gute und Schöne und Verantwortungsbewusstsein für Natur und Umwelt. Die Schülerinnen und Schüler sind im Geist der Demokratie, in der Liebe zur bayerischen Heimat und zum deutschen Volk und im Sinn der Völkerversöhnung zu erziehen.«

Heranwachsende bei der Entwicklung zu mündigen Bürgern mit Mut und Gestaltungskompetenz in globaler Verantwortung zu fördern, ist der pädagogische Kernauftrag der Schule. Dazu brauchen Menschen Erfahrungsräume. Gemeinsinn stiftende Erfahrungen geschehen konkret vor Ort in der Auseinandersetzung mit Menschen, Anliegen, Situationen. Lernen durch Handeln in der aktiven Übernahme von Verantwortung in Ernst- und Echtsituationen fördert zivilgesellschaftliche Kompetenzen, die für die Zukunft gebraucht werden. Gesellschaftliche Partizipation von Kindern und Jugendlichen ist, obwohl ein wichtiges Handlungsfeld, in dem sich Einstellungen junger Menschen zur Politik und Demokratie prägen, in unserem Land noch wenig ausgeprägt. Das unausgeschöpfte Engagementpotenzial lässt sich auf fehlende Anlässe und Gelegenheitsstrukturen zurückführen. Die formalisierten Bildungssysteme sind völlig unzureichend mit den Kommunen und ihren politischen, ökonomischen und sozialen Akteuren vernetzt. Diese örtlichen Bezüge zurückzugewinnen und dadurch Erfahrungen aus erster Hand zu ermöglichen, ist essentiell, denn sie bilden in einer zunehmend virtuellen Erfahrungswelt und virtuell vernetzten Gesellschaft ein unerlässliches Gegengewicht im Sinne von »global denken – lokal handeln«.

Entwicklung des Bewusstseins

Schnell wird klar: Potenzialentfaltung ist mehr als die Erweiterung unserer Fähigkeiten und Fertigkeiten, so wie wir sie kennen. Sie ist mehr als die Aneinanderreihung von Kompetenzen, die gelernt und verinnerlicht werden. Wenn sich alte Gefüge von Hierarchie und Autorität verändern, dann brauchen wir einen gut funktionierenden inneren Kompass.

Potenzialentfaltung ist eine solche gut funktionierende Kompassnadel: Wie nehmen wir die Welt und uns selbst wahr? Wie sehen und erleben wir uns? Welche Fähigkeiten haben wir in uns entdeckt, welche leben wir bereits und welche möchten wir entfalten? Wie ordnen wir uns in das Gefüge der Welt ein und wie setzen wir uns dazu in Beziehung? Welche inneren Haltungen uns leiten, welches Bewusstsein wir von uns und anderen entwickeln, all dies beeinflusst unser Handeln und wie wir unser Erleben verarbeiten. So wie sich in der Entwicklung von Kindern Phasen und Sprünge zeigen, so zeigen sie diese auch in der Entwicklung des Bewusstseins, lebenslang.

In diesem Prozess kann es passieren, dass sich die Perspektive vom Ich zum Du, zum Wir erweitert. Dann treten Egoismen zunehmend in den Hintergrund, umfassendere Sinngefüge und Prinzipien gewinnen Raum. Ziel wird es dann nicht nur sein, sich selbst zu entfalten, sondern auch das höchste Potenzial im Gegenüber zu sehen und zu fördern. Menschen entwickeln dann die Fähigkeit, kreative Räume zu öffnen und andere Menschen durch ihre eigene Begeisterung für das Leben zu inspirieren. Ein Bewusstsein dafür entsteht, dass jede eigene Entwicklung einen Beitrag leistet zur Entwicklung des Ganzen und aller. Menschen erkennen auf diesem Weg, dass sie in der gemeinsamen Ausrichtung etwas gemeinsam erschaffen können, das größer ist als sie. Potenzialentfaltung bezieht sich also sowohl auf die Entfaltung der eigenen Individualität und der Verschiedenheit (horizontale Potenzialentfaltung) als auch auf die Entfaltung des menschlichen Bewusstseins (vertikale Potenzialentfaltung).

Magische Momente

Wir alle kennen magische Momente, in denen etwas ganz Besonderes geschieht: Ein von Celibidache dirigiertes Orchester erschließt uns in einem Moment den tiefen Zauber von Musik. Eine Partita von Bach – das erste Mal gemeistert! Die Herausforderung eines freien Vortrags – endlich bewältigt! Ein Moment der Angst lässt uns nicht erstarren. Wir haben den Mut, einem Menschen in Not beizustehen. Ein Satz erreicht uns und bewegt uns so tief, dass sich unsere Wahrnehmung der Welt für immer verändert. Jeder von uns kennt diese Momente, in denen wir Magie verspüren, in dem ein Sprung in eine neue Dimension geschieht.

Im Rahmen von Vorträgen und Diskussionen haben wir, die Autoren, immer wieder die Teilnehmer aufgefordert, sich einige Minuten Zeit zu nehmen und sich mit ihren Nachbarn darüber auszutauschen: »An welche Momente in Ihrem Leben können Sie sich erinnern, in denen eine Person – ein Lehrer, Elternteil, Freund, Mentor, Vorgesetzter usw. – Ihnen eine neue Welt eröffnet hat, sei es durch eine Herausforderung, das Öffnen eines Raumes, durch einen Anstoß oder durch das Wecken von Begeisterung? Was war in Ihrem Leben ein magischer Moment des Lernens, eine Weichenstellung bei der Entfaltung Ihrer Talente?«

Oft reagieren die Anwesenden mit leichtem Unwillen. Man ist gekommen, um zu hören, nicht um beizutragen. Doch dann verändert sich plötzlich die Atmosphäre und Energie im Raum.

Jeder und jede (!) kennt solche Momente. Die Erinnerungen und die Berichte der Gesprächspartner berühren. Diese Geschichten zeigen: Potenzialentfaltung erhält einen kräftigen Impuls in denk-würdigen Momenten unseres Lebens. Ein Teilnehmer in einer großen Halle mit vielen hundert Menschen berichtet offen: Es war eine Lehrerin in der dritten Klasse. Seine Rechtschreibung war eine Katastrophe. Jedes Wort war falsch. »Dass du die Wörter nicht richtig hinschreibst, wissen wir. Aber du kannst wunderbare Geschichten erzählen. Also tu es einfach. Um den Rest kümmern wir uns später.« Innerhalb eines Jahres hatte der hoch motivierte kleine Junge von damals sich um zwei Notenstufen verbessert. Und auf die Frage, was er für einen Berufsweg eingeschlagen hat, antwortete er: Natürlich Lehrer – nur nicht für Deutsch.

Es sind magische Momente, in denen wir herausgefordert, ermutigt oder begeistert werden – oder einfach Raum für uns und unsere besonderen Talente erhalten.

Kann nicht auch Schule ein Ort für solche magische Momente sein? Ja, Schule kann!

Gelebte Prinzipien der Potenzialentfaltung

Die Kluft zwischen dem, was wir für notwendig halten, und dem, was wir in Politik, Wirtschaft und Gesellschaft tun, wird immer größer. Potenzialentfaltung ist uns aus unserem persönlichen Erleben vertraut. Wir erkennen oder erahnen ihren Wert, doch sie ist nicht als Grundprinzip in unseren gesellschaftlichen Institutionen verankert. Das ist besonders dramatisch in der Institution, die sich dieses Ziel auf die Fahnen geschrieben hat, in der Schule. Der Eindruck entsteht, dass sowohl die politisch Verantwortlichen als auch die Zivilgesellschaft außerstande sind, die Institutionen zu verändern. Wo setzen wir also an?

Unser Plädoyer lautet: Lasst uns das Prinzip der Potenzialentfaltung so weit herunterbrechen, dass es handhabbar und damit erlebbar wird, ohne dass wir vergessen, worauf wir uns im Kern beziehen. Auch wenn wir keine Gebrauchsanweisung haben, gibt es dennoch Leitprinzipien und Eckpfosten, welche die Landschaft der Potenzialentfaltung abstecken.

Verständnis / Mitgestaltung / Wirksamkeit (Antonovsky)

Seit den wegweisenden Studien von Aaron Antonovsky wissen wir, dass Menschen dreierlei für eine gesunde Entwicklung der Persönlichkeit brauchen.

1. Menschen müssen Dinge in der Welt einordnen können, die Welt muss verstehbar sein.
2. Menschen müssen ihre Welt, ihr Schicksal, ihr Leben als gestaltbar erleben – dies bedeutet Partizipation statt

Fremdbestimmung. Sie müssen Einfluss haben können, die Möglichkeit der Selbststeuerung haben. Aufgaben, die an einen Menschen herangetragen werden, müssen als zu bewältigen erlebt werden können: Ich kann es!
3. Menschen müssen ihr Handeln als bedeutsam erleben, Anstrengungen und Engagement müssen sich lohnen dürfen. Der Mensch will wissen, ob das, was er tut, Sinn macht. Ohne zu wissen, dass ich mit meinem Handeln andere Menschen bewege, wird mein Handeln sinnlos. Ohne zu wissen, dass ich Teil eines größeren Ganzen, eines Sinnzusammenhangs bin, begreife ich mein Handeln nicht.

Man nennt dies auch salutogenetische Grundprinzipien: Prinzipien, die Menschen helfen, ihr Potenzial zu entfalten. Im Kern bedeuten diese Prinzipien Vertrauen: Vertrauen in die eigenen Ressourcen; Vertrauen, dass es jemanden gibt, mit dem man Dinge gemeinsam lösen kann; Vertrauen, dass man gehalten ist in der Welt. Und nicht zuletzt: ein Grund-Vertrauen, dass es wieder gut wird und dass die Dinge Sinn ergeben. Diese Ressource ist unendlich stark. Potenzialentfaltung zu leben bedeutet, diese Ressource nachhaltig zu pflegen.

Eigenverantwortung und Verantwortungsbewusstsein
Aus dieser Erfahrung von Mitgestaltung und Wirksamkeit erwächst Verantwortung für sich, für andere, für die Zukunft. Eigenverantwortung für sich selbst annehmen, bedeutet selbstbestimmt zu handeln, Ziele zu setzen und Verantwortung für sein Handeln zu übernehmen. Eigenverantwortung basiert auf Vertrauen in die eigenen Potenziale.

Für Eigenverantwortung ist Selbstwirksamkeit eine entscheidende Persönlichkeitsressource. Oft finden Menschen Gründe, warum etwas nicht gilt und nicht geht, schieben Verantwortung ab. Sie fühlen sich als Opfer von Umständen. Selbstwirksamkeit ist das Gegenkonzept. Wir sind die Gestalter dieser Welt. Wenn Kinder und Jugendliche von klein auf die Erfahrung machen, dass sie Einfluss nehmen können auf ihre Lebenswelt, dann werden sie Zuversicht und Handlungsmut entwickeln. Kinder haben so viel mehr Potenzial! Erwachsene entdecken das oft nicht, wenn sie Kinder behüten und wenig herausfordern. Eigenverantwortung bedeutet auch Mut. Wenn ich Verantwortung nicht abschiebe, übernehme ich auch Verantwortung für meine Fehler. Fehler zugeben ist in unserer Gesellschaft mutig. Eigenverantwortung braucht Selbstreflexion, das Erkennen und Hinterfragen eigener Muster, Einstellungen, Haltungen, Schatten. Wie bin ich so geworden, wie ich bin?

Die Lernkultur in unseren Schulen hat entscheidenden Einfluss darauf, ob Eigenverantwortung gefördert oder verhindert wird, Verantwortung übernommen oder Indifferenz gelernt wird, Demokratiefähigkeit eingeübt und Verantwortung mutig gewagt wird. Gemeinsinn und Verantwortungsbewusstsein entstehen durch Erfahrungen, die über eigene Interessen hinausgehen. Gemeinsinn hat mit Sinn zu tun und damit, dass wir mehr sind als Individuen. Gemeinsinn entsteht durch Verbundenheit im gemeinsamen Handeln. Menschen wollen handeln, wollen Anerkennung und Sinn. Und wer selbst Anerkennung für verantwortungsvolles Handeln erfahren hat, wer sich als Person gebraucht und wertgeschätzt fühlt, wird auch anderen Menschen für ihr Engagement Respekt und Anerkennung entgegenbringen.

Haltung

Haltung bezieht sich auf ein Innen. Im Außen nehmen wir eine Rolle ein und füllen diese Rolle durch unser Verhalten in jedem Moment aus. Dieses Außen der Rolle braucht eine Entsprechung im Inneren. Das können wir Haltung nennen. Ohne ein gefestigtes Inneres, das sich vor allem aus unseren Erfahrungen speist, verkommt jede Rolle zur Mechanik. Ohne eigene Erfahrung, ohne eigenes Wachsen, ohne erlebte Magie wird die Forderung nach Potenzialentfaltung zur Leerformel. Zwei Dinge sollten wir dabei beachten:

Wenn wir von Haltung sprechen, meinen wir häufig andere, nicht uns selbst. Wir wünschen uns, dass andere eine bestimmte Haltung zeigen und dass sie diese gegenüber unseren Kindern leben. Damit einhergehen konkrete Wünsche: Wir möchten z. B. eine Haltung der Harmonie und Wertschätzung. Doch die Forderung an andere kann nicht die Notwendigkeit ersetzen, die eigene Haltung einer kritischen Überprüfung auszusetzen und sie gegebenenfalls zu ändern. Änderung fängt bei uns selbst an.

Der größte Stolperstein auf dem Weg zur Potenzialentfaltung ist die Annahme, dass Wertschätzung sich in Zustimmung äußern müsse, nach dem Motto: Stimmst du nicht mit mir überein, dann bringst du mir keine Wertschätzung entgegen und ich werfe dir mangelnde Wertschätzung für mich vor. Wo diese missverstandene Wertschätzung praktiziert wird, entsteht ein Klima, in dem ich nicht mehr für mich und meine Sicht der Welt einstehe, sondern mich unter konstantem Druck fühle, die Welt mit den Augen meines Gegenübers zu betrachten. Wertschätzung als ein wesentlicher Ausdruck einer inneren Haltung baut dagegen auf der Erfahrung von Respekt und Verschiedenheit auf und dem

Wissen, dass der Andere nicht sein muss, wie ich ihn oder sie mir wünsche. Dadurch wird die Welt farbig, der Moment trägt die Magie der Überraschung und wir sind konstant herausgefordert, mit unseren Irritationen umzugehen und dazuzulernen.

Eine Haltung, die Einzigartigkeit und Verschiedenheit wertschätzt und dabei ein Wissen um Verbundenheit stärkt, ermöglicht lebendige Beziehung, Ko-Kreation, Offenheit für das Neue und Unerwartete. Sie hilft, inneres Erleben und äußeres Verhalten furchtlos miteinander in Beziehung zu setzen. So entsteht Authentizität, die Vertrauen schafft, in sich und in andere. In diesem Sinne: Auf die Haltung kommt es an. Sie ist die Basis von allem, was in der potenzialentfaltenden Schule passieren kann und soll.

Fehlerfreundlichkeit

Aus einer wertschätzenden Haltung erwächst Fehlerfreundlichkeit. Wir wissen, dass Lernen durch Fehler geschieht. Angst vor Fehlern ist daher lernschädigend, ja absolut kontraproduktiv. Überdies kann sie uns konsequent vom Handeln abhalten. Begegnen wir unseren eigenen Fehlern mit der Wertschätzung, dass es sich um Lernversuche handelt, dann erschließen wir uns ein enormes Wachstumspotenzial. Jeder verarbeitete Fehler ist ein Lernschritt, der selten vergessen wird. Geben wir uns gegenseitig die Möglichkeit, von unseren Fehlversuchen zu profitieren, entwickeln wir uns zu einer lernenden Gemeinschaft. Fehlerfreundlichkeit ist angesagt und überdies ein Grundprinzip der Natur.

Fehlerfreundlichkeit heißt immer, Fehler nicht zu vertuschen, sondern Verantwortung für sie zu übernehmen. Das ist die Vertrauensgrundlage, auf der eine fehlerfreundliche Kultur möglich ist. Scheitern ist eine Chance. Scheitern produktiv zu wenden stärkt innere Kraft. Das bedeutet Begeisterung für Neues.

Lust und Begeisterung

Der Schlüssel zum Lernen sind Entdeckerfreude, Motivation und Begeisterung. Begeisterung strahlt aus, berührt, steckt an. Das erleben wir, wenn uns das Herz aufgeht, wenn wir Kinder in Begeisterungsstürmen über Erreichtes beobachten. Begeisterung aktiviert emotionale Zentren im Gehirn, was eine Kettenreaktion von aktivierenden Folgereaktionen auslöst. Deshalb lernen wir mit Begeisterung, mit Freude, schnell, nachhaltig. Wie kommt es, dass die uns angeborene Begeisterung im Laufe der Jahre und in der Schule oft verloren geht? Man gewöhnt sich an vieles, es schleifen sich eingefahrene Muster ein, man erfüllt gestellte Aufgaben, schaut, wie man am besten durchkommt. Man funktioniert. Wenn immer klar ist, wie der Tag abläuft, wofür soll ich mich da noch begeistern? Wenn alles vorherbestimmt ist und ich Objekt von fremdbestimmten Anforderungen bin, dann schläft die Begeisterung ein. Denn der Schlüssel für Begeisterung ist Bedeutsamkeit. Nur was für mich Bedeutung hat, wird wirklich gelernt. Und Bedeutsamkeit braucht Sinn.

Menschen haben zwei Grundbedürfnisse: das nach Entfaltung ihrer Persönlichkeit und das nach Zugehörigkeit. Für Begeisterung braucht man daher Aufgaben, an denen man wachsen kann, und Gemeinschaft. Es berührt uns Menschen, wenn jemand anderes sich daran erfreut, was ich wichtig finde und was ich teilen darf. Im Teilen, im Du, in der Gemeinschaft können verborgene Potenziale der Einzelnen wie auch der Gemeinschaft zur Entfaltung kommen. Kognitive Herausforderungen können in bestimmten Situationen Sinn machen. Sinn erfahren Menschen in besonderem Maße jedoch im sinnstiftenden Handeln. Immer dann, wenn man gemeinsam sich um etwas Wichtiges kümmern kann und wirken darf, finden nachhaltige Bildungsprozesse statt. Begeisterung hat Kraft.

Begeisterung an sich kann jedoch auch eine Gefahr bedeuten, nämlich dann, wenn nicht gefragt wird, wofür man sich begeistert. Sich begeistern zu lassen für etwas, bedarf daher achtsamer Aufmerksamkeit und der Prüfung an den Grundwerten Menschenwürde, Inklusion und Respekt. Um welche Art von Begeisterung es geht, kann man an dem Geist merken, der in einer Institution erkennbar und spürbar wird, auch an dem Klima und der Atmosphäre. Sie bestimmen den Rahmen, in dem Erfahrungen gemacht werden. Und aus wiederkehrenden Erfahrungen werden Einstellungen und Haltungen. Wenn eine Begeisterung für das Humane unsere Schulen prägen soll, dann müssen es Orte sein, an denen junge Menschen sich in ihrer Einzigartigkeit als Mitglied einer Gemeinschaft erleben und entfalten können, als Menschen und nicht primär als Leistungsträger. Dann werden Schulen zu Orten des lebendigen Lernens.

Das Konzept lebenslangen Lernens

Potenzialentfaltung erfordert notwendigerweise eine erweiterte Sicht auf Lernen. Den Vorarbeiten der UNESCO verdanken wir eine einfache und doch sehr sinnvolle Ausdifferenzierung des Lernbegriffs zu einem umfassenden Ansatz. Das Konzept des lebenslangen Lernens gründet, wie bereits erwähnt, auf vier Säulen:

▷ Lernen, Wissen zu erwerben
▷ Lernen, zu handeln
▷ Lernen, zusammen zu leben
▷ Lernen, zu sein

Lernen, Wissen zu erwerben setzt eine ausreichende Allgemeinbildung als Grundlage für ein Verständnis der Welt und für Kommunikationsfähigkeit voraus. Es befähigt zur Urteilsbildung. Da Wissen vielfältig ist und sich ständig ändert, ist das Erlernen von Lernfähigkeit von hoher Bedeutsamkeit. Dazu gehört auch, wie ich lerne.

Lernen, zu handeln bedeutet, vom Wissen tatsächlich ins Handeln zu kommen. Zum Handeln gehören Teamfähigkeit, Problemlösekompetenz, Willenskraft und Mut, die Fähigkeit, sich auf neue Situationen einzustellen, sich in die Gesellschaft einzubringen. Zum Handeln gehören aber auch Gelegenheiten für gesellschaftliches Handeln durch Engagement und die Übernahme von Verantwortung.

Lernen, zusammen zu leben wird als die zentrale Zukunftsherausforderung betrachtet. Es geht darum, Verständnis für andere zu entwickeln, Vielfalt und Unterschiede als etwas Positives zu erleben, gegenseitige globale Abhängigkeiten zu erfassen. In der globalisierten Welt des 21. Jahrhunderts wird es zunehmend wichtig, mit Heterogenität umgehen zu können. Menschen mit unterschiedlichen sozialen, politischen und kulturellen Hintergründen sind herausgefordert, ihr Zusammenleben zu gestalten und neue Formen des Zusammenwirkens und des Innovationstransfers zu finden. Hier spielen vor allem nicht formalisierte Lernprozesse eine Rolle, in denen interpersonale, interkulturelle und intergenerationelle Begegnungen stattfinden und gegenseitiges Verständnis, Toleranz und Respekt sich entwickeln können.

Lernen, zu sein bedeutet, die eigene Persönlichkeit zu entfalten und sich seiner selbst bewusst zu werden. Bildung muss den Menschen helfen, ihre eigenen Probleme zu lösen, eigene Entscheidungen zu fällen und Verantwortung für sich selbst zu übernehmen. In der Welt des stetigen Wandels, in der soziale und wirtschaftliche Innovation eine wesentliche Rolle spielen, sind Fantasie und Kreativität Qualitäten besonderer Bedeutsamkeit. Jeder Mensch hat schöpferische Kräfte. Um dieses Potenzial zur Entfaltung zu bringen, brauchen Menschen Gelegenheiten zum Ausprobieren und Experimentieren, bei denen sie auch scheitern dürfen. Kreativität und Leidenschaft entfalten sich in bewertungsfreien Räumen. Die Fähigkeit, individuelle und gemeinsame Energie und Kraftquellen zu mobilisieren, ist eine wichtige Schlüsselkompetenz für Innovation, ebenso die Vertrauensbildung in persönliche Visionskraft. Wer in Berührung mit seinen schöpferischen Kräften kommt und Selbstwirksamkeit erlebt, entwickelt Selbstbewusstsein und vertraut darauf, Einfluss auf die Dinge und die Welt nehmen zu können. Das gilt insbesondere für junge Menschen und prägt sie für ihr gesamtes späteres Erwachsenenleben.

Die vier Säulen des Lernens gehören zusammen, stehen in Wechselbeziehung, müssen sich durchdringen. Um das volle Potenzial auszuschöpfen, müssen sie gleichwertige Beachtung finden. Die traditionelle Schule, wie wir sie heute überwiegend vorfinden, setzt in erster Linie auf die Säule des Wissenserwerbs. Der UNESCO-Bericht »Learning: the treasure within« hat demgegenüber die Potenzialentfaltung im Fokus. Dies bedeutet: »Ziel ist die vollkommene Entfaltung des Menschen in all seiner Vielfalt, der Komplexität seiner Ausdrucksformen und seiner verschiedenen Loyalitäten. Alle Talente, die in den Menschen als verborgener Reichtum schlummern, sollen zur Entfaltung kommen. Der Mensch mit seinen Beziehungsqualitäten in allen Lebensbereichen ist der Schlüssel zur Ausschöpfung der menschlichen Potenziale, die wir brauchen für die Wende hin zu einer nachhaltig gestalteten Welt.«[14]

»Das 21. Jahrhundert braucht eine Vielfalt von Talenten und Persönlichkeiten. Es braucht ebenso außergewöhnliche Individuen, die für jede Gesellschaft unverzichtbar sind.«, so heißt es in dem Bericht von Jacques Delors. Die traditionellen Schulen sind nicht in der Lage, die noch zu etwa 50 % brachliegenden humanen Begabungspotenziale zu entwickeln. Schule in diesem Sinne neu zu denken und so zu entwickeln, dass »the treasure within«, die Schatzkiste der versteckten Fähigkeitspotenziale der Menschen, sich weit öffnen kann, braucht Kreativität und Mut. Nehmen wir diese Dimensionen des Lernens ernst, dann haben wir in jeder Situation einen inneren Kompass für möglicherweise fehlende Elemente, Ungleichgewichte oder notwendige Ergänzungen.

7
DIE SCHULE DER ZUKUNFT

Voraussetzungen für den Wandel
▷ Fähigkeit zu vorausschauendem Denken
  in großen Zusammenhängen
▷ Fähigkeit zur interdisziplinären Wahrnehmung
  von Systemen
▷ Fähigkeit zum Einfühlen in fremde Lebenswelten,
  um ein gemeinsames Verständnis für eine größere
  Vision zu entwickeln
▷ Fähigkeit zur kreativen Gestaltung einer
  erwünschten Zukunft
▷ Geleitet sein von Visionen und Herzkraft
▷ Fähigkeit, mit Unzulänglichkeit umzugehen
▷ Lernfähigkeit während eines Prozesses und
  aus dem Prozess heraus zu entwickeln
▷ Fähigkeit, Scheitern als Innovationschance zu begreifen
▷ Besitz von Visionskraft, Handlungsmut und
  Unternehmensgeist

Die Utopien von heute sind die Wirklichkeiten von morgen. Zukunft lebt von Träumen und Visionen. Wer keine Vision, keine Vorstellung von der Zukunft hat, weiß nicht, worauf er hinarbeiten kann. Von Joseph Beuys stammt die Einsicht: Wir bekommen nur dann die Zukunft, die wir uns wünschen, wenn wir sie selbst erfinden. Erfinden wir die Schule der Zukunft!

Die Schule der Zukunft fragt: Wie gestalten wir Lernen so, dass selbstbestimmte Lernprozesse, interdisziplinäres Lernen sowie Erfahrungslernen im Leben Schulkultur werden? Wie stärken wir Kinder, Lehrer und Eltern in ihren schöpferischen Kräften?

Kinder werden stark an dem, was sie können und was sie auszeichnet. Die Schule der Zukunft verabschiedet sich vom Wettbewerb, der an Gewinnern und Verlierern ausgerichtet ist. Individualität und Gemeinschaft werden als zusammengehörig betrachtet. An die Stelle der Konkurrenz tritt die Freude am gemeinsamen Wirken und Bewirken und der Ansporn besteht darin, das Beste in Teams zu geben. Die Schule der Zukunft traut Schülern, Lehrern und Eltern viel zu. Sie bestärkt Menschen im Vertrauen in ihre Möglichkeiten, ihre Fähigkeiten, ihren Ideenreichtum und sie ermöglicht Erfahrungen von Vertrauen in der Gemeinschaft. Die Schule 21 sieht jeden Menschen als Individuum mit Bedürfnissen, Eigenheiten und Potenzialen. Die Schule der Zukunft nimmt, wo immer es geht, Angst aus dem System. Sie weiß um die Bedeutung von wertschätzenden Beziehungen und sie schafft eine Balance zwischen Zugehörigkeit und Freiheit. Die Schule 21 hat Mut zu ergebnisoffenen Prozessen. Schulen der Zukunft arbeiten nach schuleigenen Plänen, welche zum Umfeld der Schule und den Kindern passen, mit multiprofessionellen Teams.

Die Schule der Zukunft besticht durch ihre Haltung. Diese kann man nicht unterrichten. Sie wird vorgelebt. Lernen kann man nicht erzwingen. Lernen kann man nur selbst, aus eigenem Antrieb. Doch Schule 21, ihre Lehrer und Eltern können gute Rahmenbedingungen zu solchem Gelingen bereitstellen.

Die Schule 21 knüpft an Bewährtes der Schule 20 an, schafft Brücken und denkt neu. Neudenken heißt nicht Optimieren oder Reparieren des Alten. Neudenken folgt der Kraft der Vision. Wesentlicher Schlüssel hierfür ist es, sich aus der Macht tradierter Vorstellungen, innerer Bilder, Denkstrukturen und eingefahrener Muster zu befreien, die der Potenzialentwicklung entgegenstehen.

Es gibt zahlreiche Wege, Schulen der Potenzialentfaltung zu gestalten. Jede Schule muss und kann den Weg finden, der zu ihr passt. Es gibt jedoch auf diesem Weg wichtige Kernelemente, die beachtet werden sollten, damit Potenzialentfaltung gelingen kann.

Der Mensch im Mittelpunkt

In der Schule 21 steht der Mensch im Mittelpunkt. Dabei geht es nicht um die Abschaffung von fachlichen und überfachlichen Qualifikationen und Standards. Diese bleiben relevant. Es geht vielmehr um das *Wie* der Umsetzung. Werden Standards mit Leistungsdruck durchgepaukt oder sind die Bedingungen so gestaltet, dass Lehrer die Bedürfnisse der einzelnen Kinder wahrnehmen und berücksichtigen können? Es geht um Beziehung, Gemeinschaft, Wertschätzung, Haltung. Menschen sind gewollt, so wie sie sind, sind geachtet und getragen, weil sie so sind, wie sie sind, und nicht, weil sie die erwünschte Leistung erbringen. Die Akzeptanz der Besonderheit eines Menschen ist Voraussetzung dafür, dass Menschen Selbstvertrauen entwickeln. Da müssen wir bei uns Erwachsenen anfangen. Nehmen wir PISA. Die Botschaft, dass in Deutschland Schüler mit ihren Leistungen im Mittelfeld liegen, erschütterte Politik und Gesellschaft. Sofortmaßnahmen wurden gefordert. Und so ist das PISA-Regime in unsere Schulen eingezogen, mit Ranking-Geist und Testtrainings anhand von vorgefertigten Unterrichtsmodulen.

Vorgeschriebene Tests reduzieren nicht nur die Vielfalt der Lerninhalte, sondern sie schränken auch die Kreativität ein. Rankings sind ein Instrument des Wettbewerbs, Bildung ist jedoch hochkomplex. Bildung lässt sich nicht auf messbare Kriterien reduzieren. Standardisierung und Normierung bergen die Gefahr, dass auch die Menschen sich standardisiert und eingeengt fühlen, statt offen und mutig zu sein für den Aufbruch in das Neue.

Während die Ergebnisse von PISA Sofortmaßnahmen nach sich zogen, blieben die Reaktionen auf Untersuchungen, in denen über die seelischen Belastungen von Kindern, ihre Gesundheit, ihre Schulängste, über psychosomatische und seelische Störungen sowie über abnehmendes Lern-Interesse berichtet wurde, weitgehend aus. Diese fanden und finden kaum Beachtung. Maßnahmen stehen hier nicht im Fokus. Im Gegenteil. Die Reaktionen auf PISA haben den Druck und den Stress noch verstärkt. Druck auf Schüler, auf Lehrer, auf das Bildungssystem insgesamt. Mehr des Alten. Mehr Außensteuerung, mehr Kontrolle, mehr Fokussierung auf abprüfbares Wissen und auf Ranghierarchie von Fächern. Wer oder was hat uns so ver-rückt? Was treibt uns dazu, uns so ins System einzufügen und dabei sogar die Verbindung zu unseren Kindern zu verlieren? Statt zu fragen, was Kinder wirklich brauchen, um motiviert und leistungsfähig zu sein. Und das alles in dem Wissen, dass unser Gehirn zum Auswendiglernen nicht gebaut ist und wir deshalb fast alles Einzelfaktenwissen vergessen und nach der Schule nicht mehr zur Verfügung haben. Das Ziel darf nicht die reine Vermittlung von Inhalten sein, sondern das Lernen. Der Mensch steht dabei im Zentrum.

Die Schule der Zukunft versteht sich als Wirkstätte von Menschlichkeit. Das ist der grundlegende Haltungswandel, ein Kulturwandel.

Geist und Haltung

Erziehung braucht Beziehung. Wie leicht ist das gesagt und wie schwer ist es gelebt. Was uns prägt, sind Erfahrungen. Und Erfahrungen werden in der Interaktion zwischen Menschen gemacht. Erfahrungen haben einen kognitiven Anteil – was habe ich erlebt? Und einen emotionalen Anteil – wie ist es mir dabei ergangen? Auf der Metaebene entstehen daraus Einstellungen, Haltungen, Glaubenssätze. Die Qualität der Interaktion hat immense Wirkungen. Herrscht ein Geist der Konkurrenz und Angst oder ein Geist der Ermutigung und Gemeinschaft? Regiert ein enger Verwaltungs-Erfüller-Geist oder weht ein Geist von Freiheit und Gestaltungslust? Dies bestimmt den heimlichen Lehrplan, der entscheidend prägt, ob Menschen ermutigt und inspiriert werden, ob Menschen an sich glauben und ihre Potenziale entfalten können, ob Menschen sich frei und zugleich verbunden fühlen. Schulen der Zukunft kümmern sich zentral um den in ihnen gelebten Geist. Das, was in der Behindertenrechtskonvention »sense of dignity« und »sense of belonging« genannt wird, ist in der Schule der Zukunft als Herzkraft spürbar und berührt und stärkt die Menschen – Kinder,

Eltern, Lehrer und alle, die mitarbeiten. Wertschätzung öffnet die Herzen und Köpfe für Selbstvertrauen, Verantwortung und Verbundenheit.

Wertschätzung und Beziehungskultur

Wertschätzung ist eine Haltung; sie ist an Ressourcen orientiert und schöpft aus der Fülle. Wertschätzung wird in der Schule der Zukunft auf verschiedenen Ebenen wirksam: auf der Ebene des Leitbildes in Werten und Visionen, auf der Ebene der Führung in Haltung und Leadership, auf der Ebene der Kommunikation im Umgang mit Diversität, auf der Ebene der Strukturen und Prozesse in verantwortlicher Teilhabe. Gelingende Beziehungen zwischen Lehrern und Schülern sind ein wesentliches Erfolgsgeheimnis gelingenden Lernens. Wir wissen das alle aus unseren eigenen Erfahrungen. Sie sind für das Lernen eine wesentliche Voraussetzung, die Motivation entwickelt sich nicht von selbst. Motivation braucht eine Zündung. Diese Zündung ist die Aktivierung unserer Motivationssysteme im Gehirn. Und damit diese anspringen, brauchen Menschen die Erfahrung, dass sie Bedeutung für einen anderen Menschen haben. Wahrgenommen zu werden, Gemeinschaft zu erfahren, soziale Unterstützung, Anerkennung und Wertschätzung zu erhalten, das setzt im Motivationssystem drei Botenstoffe frei: Dopamin für psychische Energie, körpereigene Opioide als Wohlfühlbotenstoffe und Oxytozin als Vertrauens- und Kooperationsbereitschaft förderndes Hormon.

Wie wunderbar, dass wir das wissen. Schule 21 setzt dieses Wissen um. Sie sorgt dafür, dass Zeit und ein Vertrauensnährboden da sind für Beziehung, Reflexion und Feedback. Kinder brauchen Bezugspersonen, die sie fördern und fordern, sich einfühlen und sie unterstützen, die ihnen mit Klarheit und Anspruch etwas zutrauen und zumuten und auf die sie sich verlassen können. Der Schlüssel ist Zutrauen und Zumuten. Wenn Lehrer Kindern wirklich etwas zutrauen, wenn sie überzeugt und aus dem Herzen an deren Entwicklungspotenziale glauben, dann spüren Kinder das und können so den Glauben an sich, Vertrauen in ihren nächsten Entwicklungsschritt, Vertrauen in ihre Fähigkeiten und eine Vision von ihren eigenen Potenzialen entwickeln. Wertschätzende Beziehungen sind, neurobiologisch gesprochen, die Grundlage, damit Heranwachsende ihre Potenziale entfalten können. Fehlen Wertschätzung und Anerkennung, werden die Motivationssysteme deaktiviert und stattdessen Stress- und Aggressionssysteme aktiviert. Wird das Bedürfnis nach Anerkennung und Bedeutung nicht erfüllt, suchen sich Kinder Ersatzbefriedigungen, die vielfach die seelische und körperliche Gesundheit schädigen. Davon leben heute ganze Industriezweige.

Lernen im eigenen Takt – Subjekt statt Objekt
Motivation braucht aber auch den Freiraum, wählen zu können. Freiheit und Würde des Menschen liegen ja gerade darin, dass ihm diese Verantwortung zugetraut und zugemutet wird und er sie vertrauend und lernend wahrnimmt. Jedes Kind ist einzigartig. Lerntempo, Lernstand, Lerntypen variieren. Heterogenität prägt jede Lerngruppe, auch die im Sortiersystem vermeintlich homogene. Ein Unterrichtsplan mit pro Tag getakteten vier, fünf, sechs Fächern im Gleichschritt kann dieser Unterschiedlichkeit nicht Rechnung tra-

gen. Die Schule der Zukunft zieht Konsequenzen aus diesen Erkenntnissen und macht Schluss mit Konformität. Sie gestaltet Lernen mit Wahlmöglichkeiten – bezogen auf Zeit, Fächer, Zugänge, Tiefe, Material, Orte, Sozialform. Will ich mich heute mit englischer Grammatik oder mit meinem Literaturthema beschäftigen? Will ich es heute schaffen, den Dreisatz anzupacken und ihn zu verstehen? Will ich morgen meinen Leistungsnachweis schreiben oder präsentieren?

Entscheidungsfreiheit und Lernen auf individuellen Wegen sind Grundpfeiler der Schulen der Zukunft. Das heißt nicht, dass es keine Struktur gibt. Im Gegenteil. Ein System mit viel Entscheidungsfreiheit braucht sehr klare Strukturen, transparente Regeln, Coaching, achtsame Begleitung durch Lehrer, Lernbegleitbücher und ein Curriculum, das die Kinder auf die nächste Entwicklungsstufe führt, fachlich und in ihrer Persönlichkeitsentwicklung. Wer entsprechend seiner individuellen Fähigkeiten arbeiten darf, arbeitet von innen motiviert. Es gibt bereits viele Schulen in Deutschland, die langjährige Erfahrungen mit Fachunterricht in selbstbestimmten Lernsettings haben, auch mit Jahrgangsmischung. Selbstorganisation und Selbststeuerung sind für Kinder zunehmend wichtiger werdende Lebenskompetenzen. Sie können Schritt für Schritt gelernt werden. Manche Kinder brauchen Intensiv-Begleitung, manche viele Jahre, manche Kinder starten durch. Doch lernen können es alle Kinder. Erfahrungen zeigen, dass ältere Schüler, Studierende, Senioren, Eltern und andere Begleiter in offenen Lernsettings wunderbar mitarbeiten und unterstützen können.

Projekte und komplexe Sinneinheiten

Motivation wird besonders geweckt, wenn Freiraum für die eigenen Interessen und Fragen besteht. Dann macht Lernen auch Sinn, denn die *selbst* gestellte Aufgabe trägt den Sinn als selbstverständlich in sich. Sinnhaftigkeit ist der Schlüssel für Begeisterung. Kinder und Jugendliche lieben Freiräume für eigene Themen. Das können Projekte sein, in denen sie über einen längeren Zeitraum eigenen Forscherfragen nachgehen oder mit außerschulischen Experten zusammenarbeiten. Lernen mit allen Sinnen und an vielen Orten. Die Schule der Zukunft fördert divergentes Denken und Kreativität im Team. Sie lehrt Kinder, Fragen zu stellen, deren Antworten wir noch nicht kennen. Innovation geschieht durch interdisziplinäre Zusammenarbeit und den Fokus auf nicht gelöste Probleme. In einer vernetzten Gesellschaft gilt es, Lösungen kollaborativ zu denken. Projektlernen ist nicht nur verständnisintensiv, es ist im Wesenskern auch interdisziplinär. Projektarbeit ermöglicht Schülern zu begreifen, dass Wissen vernetzt ist. Das ist eine wesentliche Erkenntnis. Vernetztes Wissen fördert Orientierung, Nachhaltigkeit, Verstehen. Verstehbarkeit ist eine der drei salutogenetischen, d. h. Gesundheit hervorbringenden Grundprinzipien. Frei-Räume geben Raum für Selbstorganisation, kreative Einfälle, Spontaneität, ungewöhnliche Erkenntniswege und Scheitern. Aus Instruktion wird Inspiration. Der Stundenplan der Schule 21 enthält viele Elemente, die Raum bieten für Spontaneität und die Lösung komplexer Aufgaben.

Von Noten zu differenzierter Leistungsrückmeldung

Findet Lernen auf individuellen Wegen statt, liegt es auf der Hand, dass alles, was Einzelne an Talenten besitzen und an besonderen Leistungen erbringen, gesehen und anerkannt wird. Jedes Kind braucht Lernerfolg. Nichts spornt den Lernwillen mehr an als eine geglückte Leistung. Lernerfolg motiviert. Lernerfolg ist der beste Garant für weiteren Erfolg. Die Schulen 21 wissen darum und versuchen, immer besser zu werden auf dem Weg zu individuellem Erfolg. Ihr Bildungsverständnis ist darüber hinaus geprägt durch einen multidimensionalen Kompetenz- und Leistungsbegriff. Denn eine Lernkultur der Potenzialentfaltung setzt neben der Entwicklung kognitiver und methodischer Fähigkeiten auf die Stärkung der Persönlichkeit, durch Zutrauen, Vertrauen, Mitbestimmung, Selbstverantwortung. Die Entwicklung von Metakompetenzen wie Teamfähigkeit, Planungs- und Strategiekompetenz, Kreativität, Intuition und Herzkraft, Verantwortung und Gemeinsinn, Vision und Bestimmung, Handlungsmut und Gestaltungskompetenz sind gleichermaßen wichtig. Schulen der Zukunft entwickeln daher, insbesondere auch im Bereich der Leistungserkennung und -würdigung, neue Formate und Wege. Das bisherige System der Notenbewertung stellt vor allem den Lehrstoff in den Mittelpunkt, nicht jedoch die Persönlichkeit. Im Gegenteil. Noten haben meist negative Auswirkungen auf die Lernmotivation von Leistungsschwächeren, und sie beschädigen die Kraft intrinsischer Motivation – auch bei den Leistungsstärkeren. Potenzialentfaltung hingegen entwickelt sich über die Wertschätzung dessen, was schon gut ist, und die Herausforderung auf den Gebieten, auf denen noch weiter gearbeitet werden kann. Die Eindimensionalität von Ziffern alleine erfasst das nicht. Für eine starke Persönlichkeit ist es unabdingbar, Lernhaltung, Lernprozesse und emotionale Prozesse zu reflektieren, um daraus zu lernen und Schwächen oder Konflikte in Stärken zu verwandeln. Eine sachliche Information über den individuellen Stand der Lern- und Leistungsentwicklung ist dabei unerlässlich. Doch auch hier kommt es sehr auf das *Wie* an. Schulen der Zukunft arbeiten mit vielfältigen Formen differenzierter Leistungsdokumentation und -rückmeldung wie Portfolio, Selbst- und Fremdeinschätzung, Entwicklungsgesprächen, Feedbackkultur, persönlichen Zertifikaten und Lernberichten. Personale und prozessuale Leistungen finden darin die gleiche Beachtung wie die Zertifizierung. Vom Be-Werten zur Wert-Schätzung. Und als bedeutsames Element verankert Schule 21 die Tutorenbegleitung für jeden Schüler zentral in ihrer Schulkultur. Reflexivität als pädagogische Grundhaltung ist eine wesentliche Voraussetzung der Erziehung zur Mündigkeit.

Demokratie leben

Selbstbestimmt lernen, auf Augenhöhe gleichwürdig kommunizieren, die Achtung der Persönlichkeit und Einbeziehung der Lernenden bei der Leistungsbewertung, die Förderung der Fähigkeit zur Selbsteinschätzung und zum konstruktiven Umgang mit Kritik – das alles sind in Schulen der Zukunft grundlegende demokratische Elemente. Sie födern Mündigkeit und schwächen strukturelle Abhängigkeit und Angst. Der heimliche Lehrplan wirkt und stärkt: Du zählst hier, du kannst etwas, du wirst ernst genommen und kannst wirksam sein. An Demokratie glaubt derjenige, der erlebt hat, dass sie möglich ist und dass sie hält, was sie verspricht. Schulen 21 halten, was im Kernauftrag von Schule versprochen wird. Sie verstehen sich als gesellschaftliche Keimzelle zur Einübung einer demokratischen Kultur. Und die ist heute ohne Bürger- und Graswurzelbewegungen und außerinstitutionelle Interessenvertretungen nicht mehr zu verstehen. Schulen der Zukunft schaffen daher Strukturen, die helfen, die vierte gesellschaftliche Kraft, die Partizipative, aufzubauen. Statt Mogelpackung Selbstwirksamkeitserfahrungen aus erster Hand!

»Es ist zwingend erforderlich, dass Jugendliche aus allen Teilen der Welt auf allen für sie relevanten Ebenen aktiv an den Entscheidungsprozessen beteiligt werden, weil dies ihr heutiges Leben beeinflusst und Auswirkungen auf ihre Zukunft hat. Zusätzlich zu ihrem intellektuellen Beitrag und ihrer Fähigkeit, unterstützende Kräfte zu mobilisieren, bringen sie einzigartige Ansichten ein, die in Betracht gezogen werden müssen.«[15]

Die Ansatzpunkte sind vielfältig: Schule 21 nimmt die Anliegen der jungen Menschen zum Unterricht, zu den Inhalten, zu den Strukturen ernst. Sie bindet Kinder und Jugendliche selbstverständlich in die Schulentwicklung mit ein. Der Klasse wird Raum gegeben, selbstbestimmt und demokratisch Probleme, Lösungen und Vorhaben zu besprechen und anzugehen. Gemeinsam werden Rituale und Regeln für das Zusammenleben festgelegt, Anregungen aus der Welt draußen diskutiert, um dann wieder mit Handlungsmut, pädagogischem Rückhalt und neuer Energie und

Mut in die Welt hinauszugehen. Diese Art von Zusammenleben wird bereits in unterschiedlichster Weise praktiziert. Im Klassenrat oder in morgendlichen Ritualen wie dem Morgenkreis, die in vielen Schulen das soziale Miteinander stabilisieren, bevor es in die Lernphasen geht. In wöchentlichen Vollversammlungen mit Lobrunden, in politisch-gemeinschaftlichen Foren wie »Speak your mind«, bei der Auszeichnung für Zivilcourage, beim Service-Learning oder bei Civic-Education-Projekten.

Lernen im Leben

»Jeder von uns hat, kurz gesagt, die Möglichkeit zu begreifen, dass auch er, sei er noch so bedeutungslos und machtlos, die Welt verändern kann. Jeder muss bei sich anfangen. Würde einer auf den andern warten, warteten alle vergeblich.« VÁCLAV HAVEL

In den Schulen der Zukunft endet Verantwortung nicht am Schultor, denn dort gehört zivilgesellschaftliches Engagement selbstverständlich zum Lernplan. Schüler übernehmen hier echte Verantwortung und suchen sich eigene Aufgaben. Kinder und Jugendliche wollen sich engagieren, wollen sich einbringen, wollen gestalten, wenn wir sie nicht daran hindern. Sie brauchen Herausforderungen, an denen sie wachsen können. Das bedeutet ein radikales Raus aus der Schule, einen fest verankerten Reality Check in freien Lernsettings. Verantwortung lernt man eben nicht aus Büchern.

Erfahrungslernen im Leben gehört daher in der Schule 21

zur Lernbiografie aller. Handeln im Leben ist strukturell durch Zeitfenster verankert. Das können Klassenprojekte sein oder individuelle Herausforderungen wie das Schulfach Verantwortung, das inzwischen an vielen Schulen – oft im Rahmen des Ganztages – eingeführt wurde. Dabei suchen sich Jugendliche eine mit Verantwortung verbundene ökologische oder soziale Aufgabe im Gemeinwesen. Sie gehen buchstäblich in die Verantwortung. Sie übernehmen Verantwortung. Das bedeutet nichts anderes, als dass sie die Welt verändern. Und Schulen der Zukunft inspirieren und ermutigen sie dazu.

Kinder und Jugendliche brauchen solche Aufgaben. Es ist wichtig, sich Herausforderungen zu stellen. Wo Kinder und Jugendliche verantwortlich mitwirken können und wiederholt die Erfahrung machen, dass ihr Engagement wichtig ist, entsteht Berührung, Sinn, Freude am Tun, Gemeinsinn, Selbstwirksamkeit. Sie erfahren: Ich kann etwas bewegen und verändern, mein Wirken, meine Existenz sind wichtig. Das sind nachhaltige demokratische Grunderfahrungen. Das ist Empowerment für unsere Kinder und Jugendlichen. Das stärkt Persönlichkeiten und deren Herz- und Willenskraft. Und dabei entwickeln sich Metakompetenzen wie Selbstorganisation, Impulskontrolle, Folgenabschätzung, Perspektivwechsel, Mut, sich auf fremdes Unbekanntes einzulassen. In der Lebenswirklichkeit erfordert die Bewältigung von Unwägbarkeiten situatives Handeln. Und für die Kommune sind verantwortliche und mündige Bürger, Beteiligung und soziale Kohäsion der Gewinn. Schulen der Zukunft trauen jungen Menschen die Übernahme von echter Verantwortung im Leben wirklich zu. Dieses Zutrauen ist die Basis für Potenzialentfaltung. Die Rolle der Schule bleibt in diesem Prozess zentral: Sie muss bereit sein, die Herausforderer in allen möglichen Phasen aufzufangen, Gelingen und Scheitern zu reflektieren, Anstoß für neue Wege zu geben. Der Ort »Schule« bleibt das »Basislager« der Gemeinschaft, selbst wenn selbst organisiertes und digitales Lernen den Ort Schule hinter sich lässt. Im Basislager werden die Erfahrungen im Leben geteilt, diskutiert und reflektiert.

So erwerben junge Menschen beim Service-Learning oder in Civic-Education-Projekten das Handlungsrepertoire des mündigen Bürgers: Vertrauen in die eigene Stimme und die gemeinsame Aktion. Jede und jeder findet das, was man als Mensch immer und überall braucht: Freiheit und Autonomie, Anerkennung und Zugehörigkeit. So kann der uns allen in die Wiege gelegte Gestaltungswille erhalten bleiben und sich in eine Gestaltungskompetenz verwandeln.

Visionäres Denken braucht Impulse und Modelle

Nur wer die Zukunft im Vorausgriff erfindet, kann hoffen, sie wirksam zu beeinflussen, so Robert Jungk. Es liegt in unserer Verantwortung, wie wir uns die Zukunft der Welt wünschen und wie wir sie gestalten wollen. Schulen der Zukunft befassen sich daher mit der Zukunft. Fragen von Nachhaltigkeit und Zukunftsfähigkeit stehen in der Schule 21 im Zentrum interdisziplinärer Projekte. Dabei erleben die Schüler Lernsituationen von hohem Komplexitätsgrad. Fragehaltung wird notwendig, denn es gibt keine richtigen oder falschen Antworten. Stattdessen die Suche nach Lösungen. Diese setzt kreative Potenziale frei, konfrontiert Schüler aber auch mit Erfahrungen, sich auf Mehrdeutiges, Paradoxien und Unsicherheiten einzulassen. Die Schule 21 lädt auch außerschulische Experten ein, Schüler organisieren öffentliche Diskussionen, die Expertise von Eltern wird eingebunden. Zum Lernsetting »Zukunft« gehört auch, »Menschen mit Botschaften« einzuladen – als Vorbilder für Handlungsmut. Denn »Mut erwächst aus Einsicht und dem Gefühl der Verbundenheit. Um diese Art von Mut zu entwickeln, muss man Gelegenheit bekommen, Menschen zu begegnen, die sich noch nicht zurückgezogen oder gar aufgegeben haben. Positive Vorbilder also, die Mut machen und eine längst verschüttete Sehnsucht nach einem erfüllten, gestaltbaren Leben wiedererwecken«, so Gerald Hüther. Wir alle haben solche Erfahrungen schon gemacht, wenn wir Menschen begegnen, die uns »unter die Haut« gehen und uns mit ihrer Begeisterung anstecken. Magische Momente. Vorbilder haben besonders für Heranwachsende Bedeutung, denn visionäres Denken braucht Impulse und Modelle. Diese beeinflussen unsere inneren Bilder, stärken unsere Vorstellungskraft. Menschen, die sich für eine globalverantwortliche Lebensweise einsetzen, sind meist wenig bekannt, obwohl es eine großartige Vielfalt solcher Hoffnungsträger gibt, die zeigen: Alternativen sind möglich. Es gibt Schulen 21, die sich regional zusammenschließen, um sich gegenseitig Anregungen zu geben, und manchmal auch gemeinsam Menschen einladen und dadurch Kosten teilen. Einige Schulen 21 haben das Format »Good News« eingeführt. Schüler und Lehrer sammeln diese »Good News«, veröffentlichen sie auf ihrer Website, diskutieren sie im Unterricht oder auf der Schulversammlung, plakatieren sie in den Schulfluren. Menschen mit Botschaften und »Good News« sind eine Gegenkraft zu den täglichen Katastrophenmeldungen. Wissen um Vorbilder schafft Hoffnung, Hoffnung setzt Visionskraft frei, Visionskraft kann auslösende Kraft für eigenes Handeln werden.

Vorbilder einzuladen, Projekte in der Schule unter den Eltern, im Gemeinwesen öffentlich bekannt zu machen, Versammlungen, ein Welt-Café oder »Politische Salons« zu organisieren, kann auch von einer Projektgruppe als besondere Lernleistung übernommen werden oder eine Aufgabe im Lernen von Verantwortung sein. So wird die Schule 21 zu einem Community-Center, in dem Menschen unterschiedlicher Generationen, Berufe und Kulturen miteinander und voneinander lernen, zusammen Sinnvolles entwickeln und dabei ihre Potenziale entdecken. Schon 1905 träumte Rilke davon, als er sich mit Ellen Key über die Schule der Zukunft austauschte und schrieb: »So steht der Lehrersessel für jeden da, der etwas erfahren hat: für den Reisenden, der von fremden Gegenden erzählt, für den Mann, der Maschinen baut, und vor allem für den Schlichtesten unter den Wissenden, den Handwerker mit den klugen, vorsichtigen Händen. Denk, wenn einmal ein Zimmermann käme! Oder ein Uhrmacher oder gar ein Orgelbauer! Und sie können jeden Augenblick kommen. Denn ganz leise nur, ohne Last, liegt das Netz des Stundenplanes über den Tagen. Es wird oft verschoben. Die Wochen gehen einem nicht mit der monotonen Eile eines Rosenkranzes durch die Finger. Jeder Tag fängt an als etwas Neues und bringt unerwartete und erwartete und völlig überraschende Dinge. Und für alles ist Zeit.«

Zuwenden, orchestrieren, führen, Vorbild sein: Lehrer der Schule 21

Lehrer sind in der Schule 21 von zentraler Bedeutung. Hier gilt es noch weitaus mehr als bisher: Auf den Lehrer/die Lehrerin kommt es an! Als Führungsperson und Beziehungspartner gibt er oder sie Orientierung und ermutigende Unterstützung, stellt Anforderungen und fordert Qualität ein, ist zugewandt und setzt Grenzen. Das ist ein Weiterdenken der Pädagogenrolle. War der Lehrer des 20. Jahrhunderts vor allem die zentrale Wissensquelle und damit vorrangig Wissensvermittler, so sind Lehrer in der Schule 21 auch Lernprozessbegleiter, Coach, Dialogpartner, Mentor, Gestalter von Lernumgebungen, Lernmaterialien und Projekten.

Ihre Autorität gründet auf Authentizität, Präsenz, Anerkennung, Respekt. Mit Freude und Begeisterung für ihr Fach stecken sie Kinder an und unterstützen sie dabei, einen persönlichen Zugang zu den Lernthemen zu finden. Sie eröffnen Möglichkeiten, dass Lernende auf ihren Lernreisen an Bekanntem andocken, sich orientieren und Neues entdecken können. Wenn Schüler recherchieren, forschen, sich vertiefen, experimentieren, Hauptwege, Nebenwege, Umwege beschreiten, aus Fehlern lernen, dann sind die Erwachsenen diejenigen, die die Lernreisen vorbereiten, Struktur und Anspruch klären, die Reisenden begleiten, manchmal heranführen, manchmal führen, manchmal innehalten und verorten. Lehrende ermutigen die Lernenden darüber hinaus, eigene Themen zu finden, eigene Ziele zu setzen und eigene Lernwege zu beschreiten. Sie sind Dialogpartner bei der Wege- und Prozessreflexion.

Noch einmal: Lernen läuft über Beziehung! Das wissen wir schon lange. Das Neue in der Schule 21 ist: Lehrer haben in ihrem alltäglichen Wirken genügend Raum und Zeit, um Beziehungen aufzubauen. Sie verfügen über fest verankerte Zeiten für Beratungs- und Reflexionsgespräche. In regelmäßigen persönlichen Gesprächen in der Schulwoche ist es Lehrern wie Schülern möglich, den Lernprozess, das Unterrichtsgeschehen und individuelle Bedürfnisse zu besprechen und gemeinsam zu reflektieren. Feedback und Zielvereinbarungen sowie halbjährliche Bilanz- und Zielgespräche mit Eltern und Schülern gehören ebenso dazu wie Tischgruppentreffen mit Schülern und Eltern in der Schule oder in den Familien. Auch Supervision für Lehrerteams ist in der Schule 21 selbstverständlicher Bestandteil der Kultur. Potenzialentfaltung bedeutet, Schüler immer wieder dazu zu ermuntern, sich auf ihre positive Entwicklung zu konzentrieren. Worauf sind Schüler stolz? Wo sehen sie ihre persönliche Entwicklung? Was interessiert und begeistert sie? Wo haben sie ihre Stärken? Lehrer unterrichten auch nicht mehr hundert und mehr Schüler am Tag. Gemeinsam mit Schülern und Eltern haben sie neue Strukturen entwickelt.

Lehrer 21 sind stolz auf die anspruchsvolle Arbeit, die sie tagtäglich leisten, fachbezogen und beziehungsbezogen. Und die Gesellschaft und die Eltern wissen dies zu würdigen. Lehrer 21 verstehen sich als Pioniere des Wandels. Sie freuen sich, in Teams zu arbeiten, zu teilen und gemeinsam im Wandel weiterzulernen. Denn in Schulen der Zukunft haben sich Kollegien von der Isolation untereinander verabschiedet. Dieser Abschied vom Einzelkämpfertum hat neue Energien freigesetzt. Sie erfahren Wertschätzung und Unterstützung ihrer Teamkollegen und spüren die Kraft einer gemeinsamen Vision. Und wenn die Vision groß ist, dürfen die Schritte klein sein. Der Wechsel vom wissenden »Belehrer« zum Lernbegleiter entlastet Lehrer, auch wenn sie viel dazulernen müssen. Denn Lehrer sind ja Lehrer geworden, gerade weil sie junge Menschen in ihrer Persönlichkeitsentfaltung begleiten wollen. Auch Lehrer haben das Bedürfnis nach Wertschätzung, Beziehung, Wirksamkeit, Sinn. Erfahren sie all dies, so stärkt das ihre Kompetenz und ihre Herzkraft. Lehrer 21 sind mutig. Dieser Mut gründet auf Zuversicht. Die Zuversicht, dass für den Wandel jede und jeder etwas bewirken kann und wichtig ist.

Die Lehrkräfte benötigen bei diesem Prozess Schulleiter und Strukturen, die sie unterstützen. Denn Strukturen können Prozesse ermöglichen, unterstützen und erleichtern oder aber erschweren, behindern oder gar blockieren. Struktur prägt Kultur! Konzentrierter Lehrereinsatz in Jahrgangsteams kann beispielsweise die Hetze durch viele Klassen aus dem System nehmen, denn die Lehrer arbeiten dann mit vielen Wochenstunden in nur wenigen Klassen und haben so viel mehr Möglichkeiten, Beziehungen aufzubauen, sich untereinander abzusprechen und in ihren Teams selbstwirksam die Schulentwicklung mitzugestalten. Oder es wird ein Tag in der Woche etabliert, an dem Zeit für Projekte zur Verfügung steht. Durch eine kleine strukturelle Änderung kann so Großes ermöglicht werden. Die Schule der Zukunft überdenkt daher alte Strukturen und denkt von Grund auf neu. Für die Schule 21 einfach nur einzufordern, Lehrer sollten sich mehr mit ihren Schülern beschäftigen, funktioniert nicht und ist eher ein realitätsferner Vorwurf als ein Lösungsvorschlag. Es würde der pädagogischen Praxis und den Einstellungen heutiger Lehrer nicht gerecht: Der Anspruch, jeden Einzelnen individuell zu fördern, ist da. Eine junge engagierte Lehrergeneration arbeitet bereits mit erfahrenen Kollegen auf der Grundlage dieser Idee. Doch ohne systematische Änderungen landen viele unserer Lehrkräfte im Burn-out – dann, wenn die Struktur sie hindert, diesem Anspruch gerecht zu werden. Die wichtigste Grundlage für die neue Lehrerrolle ist daher, dass die Prozesse der Potenzialentfaltung strukturell in einer wertschätzenden Ermöglichungs- und Beziehungskultur verankert werden. Dies hat Konsequenzen für Organisation, Führungskultur, Personalentwicklung, Zeitmanagement, Fortbildung etc.

Für all das muss sich auch die Lehrerausbildung grundlegend ändern. Doch darauf können wir nicht warten. Wir starten als mündige Bürger. *Jetzt!*

Schule 20 versus Schule 21: eine Gegenüberstellung

Schule 20	Schule 21
Unterricht	Lernen
unter-richten	auf-bauen
Zersplitterung	Interdisziplinarität
Konformität	Komplexität
Enge Taktung	Raum für Spontanes
Fremd-Bestimmung	Selbst-Steuerung
Instruktion	Selbstorganisation
Lernen im Gleichschritt	Lernen im eigenen Takt
Arbeitsblätterkultur	Kreative Kraft
Hetze	Zeit, Beziehung
Geschlossene Türen	Offene Lernwelten
Lineares Denken	Vernetztes Denken
Richtige und falsche Antworten	Viele mögliche Antworten
Als-ob-Lernen	Sinn stiftendes Handeln
Reisen stört den Plan	Reisen bildet
Heterogenität als Last	Vielfalt als Schatz
Konkurrenz-Geist	Gemeinschaft leben
Ego-Denken	Wir-Bewusstsein
Verwaltungsgeist	Gestaltungsfreude
Angst	Vertrauen und Mut
Altes optimieren	Neu denken
Anpassungsfalle	Musterbrechen
Pflichterfüller	Selbstwirksame Gestalter
Risikovermeidung	Risikofreude
Wissen	Sinn
Burn-out	Burn-for

8
SCHULE 21
IST KEINE UTOPIE

Sie denken jetzt: »Das geht sowieso nicht!«? Vielleicht ist Ihnen während der Lektüre auch die eine oder andere Frage durch den Kopf gegangen. Im Folgenden versuchen wir auf die wichtigsten eine Antwort zu geben.

»Aus uns ist doch auch etwas geworden!«

Ja, das stimmt. Bildung ist Teil der Evolution unseres sozialen Systems. Und Evolution baut auf dieser bisherigen Entwicklung auf. Dass wir ein solches Bildungssystem überhaupt geschaffen haben, ist eine enorme Kulturleistung. Schätzen wir sie nicht wert, verleugnen wir uns selbst. Und gleichzeitig strebt jede Entwicklung voran. Wir stellen fest, was gut und verbesserungswürdig ist. Und was unsere Zeit verlangt. Heute. Wir können nicht wissen, welche anderen Möglichkeiten sich uns noch eröffnet hätten. In der Evolution ist jede folgende Entwicklung höher integriert. Sie transzendiert die vorhergehende Stufe und schließt sie gleichzeitig ein. Es entstehen mehr Möglichkeiten. Verschließen wir davor nicht die Augen, haben wir eine vielversprechende Perspektive: Wir bauen auf dem auf, was wir geschaffen haben, und nutzen weitere Möglichkeiten. So vermeiden wir Fixierung und Stillstand. Angesichts zunehmender gesellschaftlicher und wirtschaftlicher Komplexität kann Bildung nicht stehen bleiben. Diejenigen, aus denen etwas geworden ist, helfen mit, dass es für die nächsten Generationen weitergeht. Nur muss sich die Geschichte nicht wiederholen.

»Das ist doch nicht anschlussfähig!«

Ja, das stimmt! Wer aus einer wertschätzenden Beziehungskultur kommt, erlebt in anderen Umgebungen erst einmal einen Kulturschock.

Wir sind dankbar für jeden Moment, in dem wir die Chance erhalten, zu wachsen und uns zu entfalten. Das Potenzial, das wir mitnehmen, hilft auch, in anderen, weniger wertschätzenden Umgebungen mitzugestalten, statt unterzugehen. Auch im Sinne einer Anschlussfähigkeit hilft die gewachsene innere Orientierung und Entscheidungsfähigkeit. Sie enthält ein klares Ja oder Nein zu den jeweiligen Bedingungen. Wer aus einer potenzialentfaltenden Schule kommt, sucht sich auch eine sehr gute Hochschule oder Ausbildungsstätte. Mit den Fähigkeiten des 21. Jahrhunderts sind wahrscheinlich genau diese Absolventen anschlussfähig, weil sie selbstverständlich genau das mitbringen, was auf dem Arbeitsmarkt des 21. Jahrhunderts wirklich gebraucht und gesucht wird.

»Nur mit Pauken macht man einen guten Abschluss!«

Ja, das stimmt! Einen guten Abschluss gibt es nicht ohne Anstrengung. Es gibt allerdings verschiedene Formen von Anstrengung. Es gibt die fremdbestimmte und die selbstbestimmte. Wer sich entfalten konnte, hat wenig Schwierigkeiten, die Notwendigkeit einer Prüfung, eines guten Abschlusses und der dafür notwendigen Zeit nachzuvollziehen. Fehlt jede Motivation für diese Prüfung, ist es vielleicht die falsche Prüfung oder der falsche Zeitpunkt.

Es ist aus der Elternsicht nachvollziehbar, sich diese Frage immer wieder zu stellen. Niemand hat jedoch gesagt, dass Potenzialentfaltung Leistung ausschließt. Eher das Gegenteil ist richtig. Potenzialentfaltung fordert Leistungen entlang der eigenen Leidenschaften.

»Von allein machen die (Schüler) nichts!«

Ja, das stimmt! Es kommt auf das Verständnis von Freiraum an. Enthalten sind sowohl die Freiheit, sich zu entfalten, als auch die Wände, die den Raum begrenzen. Freiheit ohne Herausforderung und Begrenzung endet in Beliebigkeit. Begrenzung ohne Freiraum nennen wir Gefängnis.

Die wirkliche Herausforderung sind Jugendliche, denen Neugierde und Lernlust bereits gründlich ausgetrieben wurden. Landen sie in einem Freiraum, tun sie oft zunächst wirklich nichts – bis neue Erfahrungen ihre Haltung verändern.

»Da bleibt doch die Allgemeinbildung auf der Strecke!«

Allgemeinbildung bedeutet Bildung des ganzen Menschen, also auch der Persönlichkeit. Persönlichkeitsbildung ist deshalb Kernauftrag der Schule. Persönlichkeitsbildung erfolgt durch Erfahrungen, weniger aus Büchern.

Außerdem ist die Frage, welchen Wissenskanon wir der Allgemeinbildung unterlegen. In den meisten Schulen erfahren wir sehr viel über das Römische Reich und sehr wenig über die unglaubliche Reichhaltigkeit der arabischen Hochkultur in vergleichbaren Zeiträumen. Herkunft und Neigung suchen sich ihre Wissensziele selbst – Prüfungen setzen die Begrenzungen. Wir wissen nicht mehr alle das Gleiche. Mit einer Ausnahme: Ist es für die Prüfung erforderlich, wird es gelernt.

Dazu kommt: Für eine Prüfung angelerntes Wissen wird zu über 95 % wieder vergessen und steht damit nach dem Abitur nicht mehr zur Verfügung. Die Vergessensrate hängt wesentlich von der Bedeutung und Sinnhaftigkeit des Stoffes, seinem emotionalen Kontext und der Art und Weise, wie gelernt wurde, ab. In übergreifenden Projekten erworbenes Wissen ist deutlich vernetzter, anwendungsfreudiger und mehr verankert. Daher ist auch die Aussage, dass es hier eine bessere Allgemeinbildung gibt, richtig.

»Wir brauchen doch auch Disziplin und pflichtbewusste Menschen!«

Ja, das stimmt! Wer jemals in einer Gemeinschaft gearbeitet oder ein Projekt entwickelt hat, weiß, wie es auf jeden Einzelnen ankommt. Disziplin und Pflichtbewusstsein fußen auf Verantwortung. Man lernt diese Haltungen im anspruchsvollen Handeln. Und niemand hat festgelegt, dass Pflicht nicht sinnerfüllt sein darf.

»Die rechtlichen Rahmenbedingungen lassen eine solche Schule doch gar nicht zu!«

Das stimmt so nicht. Es ist erstaunlich und überraschend, wie viel tatsächlich möglich ist. Praktisch alle in diesem Buch beschriebenen Veränderungen sind in fast allen Bundesländern im bestehenden rechtlichen Rahmen möglich.

9
DIE ZUKUNFT BEGINNT *JETZT!*

»*Trotz aller Ähnlichkeiten hat jede lebende Situation,
wie ein neugeborenes Kind, auch ein neues Gesicht,
das es noch nie zuvor gegeben hat und das auch nie mehr
wiederkehren wird. Die neue Situation erwartet von dir
eine Antwort, die nicht im Vorhinein vorbereitet werden
kann. Sie erwartet nichts aus der Vergangenheit.
Sie erwartet Präsenz, Verantwortung;
sie erwartet – dich.*« MARTIN BUBER

Loslegen heißt: *jetzt* beginnen. Für diesen Beginn gibt es keine Checkliste, keine Rezepte. Loszulegen eröffnet einen Gestaltungsraum, in dem wir uns vortasten.

Verantwortung annehmen

Der erste Schritt ist ein Perspektivwechsel, der unsere eigene Rolle betrifft. Handlungsfreiheit entsteht für uns nur dann, wenn wir Verantwortung annehmen. Solange wir an der Überzeugung festhalten, dass ein anderer für den Wandel zuständig ist, werden und können wir nicht mitgestalten. Leider haben viele Menschen, wenn sie an Verantwortung denken, negative Bilder im Kopf. Verantwortung wird gleichgesetzt mit Anstrengung oder sogar Schuldzuweisung. Die positive Seite von Verantwortung ist jedoch eine

Freiheit, die sich in einem Handlungsraum entfaltet. Verantwortung annehmen ist demnach eine innere Entscheidung: die Entscheidung, nicht mehr darauf zu warten, dass andere die Rahmenbedingungen, die mich unzufrieden machen, verändern. Loszulegen ist die Entscheidung, aktiv mitzuwirken.

Es ist der Mut, das Alte loszulassen, sich das Neue vorzustellen und danach zu handeln.

Bündnisse bilden

Loszulegen bedeutet, gemeinsam zu beginnen. Gemeinsam heißt in einem Bündnis, in dem die unterschiedlichen Kräfte zusammenwirken. Die ernüchternde Erkenntnis ist, dass Visionen und große Absichten sich alleine nicht verwirklichen lassen. Einzelkämpfer arbeiten sich an Institutionen und Systemen ab, zeigen Ermüdungs- und Frustrationserscheinungen und drohen zu scheitern. Loslegen in der Schule geht nur, wenn es zu Bündnissen kommt zwischen Lehrern, Eltern, Schulleitung und Schülern.

Wenn also das Zauberwort Zusammenarbeit heißt, dann wird es dadurch erst einmal nicht einfacher. Kooperation stellt neue Anforderungen an unsere Fähigkeiten. Statt uns in einer Gruppe auf den kleinsten gemeinsamen Nenner zu verständigen, geht es darum, das große Neue, das aus der Vielzahl der Sichtweisen, Fähigkeiten und Gefühle entsteht, zu wagen und ins Leben zu bringen. Es ist eine der größten Herausforderungen an die heutige Generation, die – wie dies bei uns der Fall ist – es nicht gelernt hat zusammenzuarbeiten und die Gruppensituationen als herausfordernd und schwierig erlebt. Das zeigt sich auch darin, dass die wenigsten Vorhaben an inhaltlichen Schwierigkeiten scheitern. Sie scheitern vielmehr an der Ungeduld miteinander und an aktiven oder passiven Konflikten.

In Bündnissen zu arbeiten bedeutet demnach, Zusammenarbeit aktiv zu gestalten, Zwischenmenschliches genau so ernst zu nehmen wie Inhaltliches. In Bündnissen arbeiten erfordert Achtsamkeit und Klarheit, die Balance zwischen *Ich* und *Wir*. Einerseits erfordert es von uns Achtsamkeit mit den anderen, ein starkes Bemühen darum, die anderen in ihrer Unterschiedlichkeit zu verstehen und aus einem *Aber* ein *Und* zu machen. Andererseits bedeutet die Arbeit in Bündnissen auch, dass ich mich als ganzer Mensch einbringe, mit respektvoller Ehrlichkeit, auch wenn mich das vielleicht verletzlich erscheinen lässt. Kleine Schritte am Anfang können genau das bedeuten: einerseits Zuwendung den anderen gegenüber und das Bemühen, sie zu verstehen, und andererseits das klare Äußern und Beziehen der eigenen Position. Solches Miteinander eröffnet den Raum der Ko-Kreation, d. h. einen Raum, in dem unterschiedliche Interessen, Intelligenzen und Sichtweisen ein neues gemeinsames Ganzes hervorbringen.

Loszulegen bedeutet den Mut, mit solcher Zusammenarbeit jetzt zu beginnen.

Potenzialentfaltung selber leben

Was verlangen wir eigentlich von uns? Wir verlangen von uns, das selbst zu leben, was wir unseren Kindern eröffnen möchten. Wir stehen also vor der Herausforderung, etwas vorzuleben, was wir in magischen Momenten unseres Lebens erlebt haben, was für uns in der Regel aber keine durchgehende Erfahrung darstellt.

Lernen, lernen, lernen

Lernen als aktiver Vorgang bedeutet, sich eines Themas bewusst zu werden und daran bewusst zu arbeiten, so lange, bis es ins unbewusste Handeln Einzug gehalten hat. Die Einsicht alleine, dass wir uns eine Lernkultur der Potenzialentfaltung wünschen, ist nicht genug für deren Verinnerlichung. Wir benötigen einen Lernweg, einzeln und gemeinsam. Lernwege sind ebenso individuell wie Potenziale und wir selber wissen am besten, wie wir lernen und was wir dazu benötigen. Doch keiner von uns kann von sich sagen: »Ich habe Potenzialentfaltung verinnerlicht.« Für jeden von uns bedeutet die Entscheidung in Richtung Potenzialentfaltung eine Entscheidung zur intensiven Auseinandersetzung mit uns selbst. Keiner kann es, weil wir noch gar nicht so ganz genau wissen, was es ist. Wir stehen als Gesellschaft am Anfang einer gemeinsamen Entdeckungsreise. Potenzialentfaltung ist immer ein Prozess, niemals ein Endpunkt.

Wertschätzende Reflexion

Anfangen in diesem Sinne bedeutet eine Zuwendung zu uns selbst und das bewusste Einholen von Fremdwahrnehmung, um mehr über uns zu lernen. Gleichzeitig kennen wir alle die Arbeit mit klassischen Feedbackstrukturen und dem vielfach entwertenden oder masochistischen Zug, der sich darin verwirklicht. Ein wertschätzender Umgang mit Reflexion ist ein ehrlicher, liebevoller und eigenverantwortlicher Vorgang. Ehrlich, weil es keinerlei »Lobhudelei« gibt, keine als Kompliment verpackte Kritik. Ehrlich aber auch, weil es ein ehrliches Bemühen gibt, wertschätzend zu schauen, gerade auch auf uns selbst. Liebevoll, weil es sonst nicht annehmbar ist, weder von uns selbst noch von anderen. Es liegt in unserer Verantwortung, darauf zu achten, dass uns unsere Selbstreflexion stärkt und nicht verunsichert! Eigenverantwortlich zuletzt, weil unsere Reflexion nur uns gehört. Wir haben das Recht, Rückmeldungen aus dem Außen einzuladen und abzulehnen. Wir wissen, dass Rückmeldungen aus dem Außen nie der allgemeingültigen Wahrheit entsprechen und uns manchmal mehr über den anderen als über uns selbst mitteilen. Wir wissen aber auch, dass wir die Verantwortung dafür haben, so ehrlich und liebevoll wie möglich auf uns selbst zu blicken, mit ganz viel Raum für Veränderung und Entwicklung.

Intuition und Verstand

Intelligenz ist weit mehr als analytisches, rationales Denken. Wir benötigen eine Vielzahl an Intelligenzen – mentale, emotionale, spirituelle, kinästhetische, haptische … Potenzialentfaltung bedeutet, alle Talente gleich wertzuschätzen – auch unsere eigenen. Die verschiedenen Intelligenzen bieten uns verschiedene Perspektiven. Sie erweitern die Sicht auf unsere Handlungs- und Gestaltungsräume. Sie holen die Vielfalt der Welt in unser Handeln. So wie wir uns diese Vielfalt für unsere Kinder wünschen.

Und Intuition benötigen wir, um in diesem Raum präsent zu sein, um uns – wie der MIT-Forscher Otto Scharmer dies auf den Punkt bringt – für eine Zukunft zu öffnen, die sich, ohne dass wir sie kennen, entfalten oder »emergieren« will.

Vorleben

Kontinuierliches Lernen, getragen von verantwortungsvoller Selbstreflexion, Freude und liebevollem Umgang mit sich und anderen – diese Grundpfeiler der Potenzialentfaltung gilt es, nun nicht nur im Inneren wachsen zu lassen, sondern auch transparent vorzuleben. Unsere Rolle ändert sich, z. B. vom Lehrer, der über das Wissen bereits verfügt, zum Lernpartner, der sich auch auf einem Lernweg befindet. Oder vom herkömmlichen Schulleiter zu einem, der im Bündnis mit Eltern, Schülern und Lehrern agiert und dennoch entscheidungsfähig bleibt. Gerade das erfordert Mut, es macht angreifbar, es macht verletzlich und macht offen. Offen für das Potenzial von Kindern und Jugendlichen. Geschieht dies, so wird eine alte Autorität untergraben, doch eine tiefere und menschlichere Autorität kann wachsen.

Eigene Haltung

Anfangen in diesem Sinne bedeutet immer und zuallererst, an der eigenen Haltung zu arbeiten. Der Fokus meiner Wahrnehmung verlagert sich: Statt andere bewertend und beurteilend wahrzunehmen, lerne ich, meine eigene Haltung zu beobachten: Was für ein Weltbild steht hinter meiner Entscheidung? Was färbt meinen Blick, wenn ich auf Menschen und Situationen sehe? Welche Haltung hätte ich gerne, im Umgang mit mir, meinen Schülerinnen und Schülern, mit anderen Menschen?

Solche Selbstwahrnehmung ist die Grundlage für Haltungsänderungen, die wiederum auf das Handeln zurückwirken. Der Wunsch, wertschätzend durch die Welt zu gehen, ist der erste Schritt, führt aber noch zu keiner Haltungsveränderung. Hierzu sind Erfahrungen notwendig, bei denen ich mich und meine Haltung im Kontakt mit anderen überprüfe. Haltung verändern wir nur, wenn wir uns aktiv in Situationen bringen, in denen wir sie ausprobieren. Zarte Anfänge wie das Konzept der »random acts of kindness« (im Alltag Kleinigkeiten für andere tun, zufällig, ohne dass es sich jemand verdienen muss) sind hierbei behilflich. Sie ermöglichen es uns – in diesem Beispiel – zu erleben, wie sich über ein paar Wochen die Stimmung verändern kann, wenn Menschen geben, ohne etwas hierfür zu wollen. Erst wenn wir nach so einer Erfahrung überzeugt sind, dass unsere Haltungsveränderung direkte Konsequenzen in der Innen- und Außenwelt hat, kann sie sich dauerhaft ins Handeln integrieren und wird zu einer belastbaren Haltung.

Haltung verändert sich nicht auf dem Sofa liegend.

Eine Vision entwickeln

Loszulegen ist mehr als Haltung. Loszulegen verlangt eine konkrete, handlungsleitende Vision.

Wer kommt schon auf die Idee, nach einer Vision ausgerechnet in den Schulgesetzen zu suchen? Hier lohnt es sich jedoch nachzulesen, z. B. im Berliner Schulgesetz. Dort heißt es:

»Auftrag der Schule ist es, alle wertvollen Anlagen der Schülerinnen und Schüler zur vollen Entfaltung zu bringen und ihnen ein Höchstmaß an Urteilskraft, gründliches Wissen und Können zu vermitteln. Ziel muss die Heranbildung von Persönlichkeiten sein, welche fähig sind, der Ideologie des Nationalsozialismus und allen anderen zur Gewaltherrschaft strebenden politischen Lehren entschieden entgegenzutreten sowie das staatliche und gesellschaftliche Leben auf der Grundlage der Demokratie, des Friedens, der Freiheit, der Menschenwürde, der Gleichstellung der Geschlechter und im Einklang mit Natur und Umwelt zu gestalten. Diese Persönlichkeiten müssen sich der Verantwortung gegenüber der Allgemeinheit bewusst sein, und ihre Haltung muss bestimmt werden von der Anerkennung der Gleichberechtigung aller Menschen, von der Achtung vor jeder ehrlichen Überzeugung und von der Anerkennung der Notwendigkeit einer fortschrittlichen Gestaltung der gesellschaftlichen Verhältnisse sowie einer friedlichen Verständigung der Völker.«

Das ist der Kernauftrag von Schule. Und eine sehr gute Vision für unser Handeln.

Noch besser ist es, diese Vision gemeinsam, in der eigenen Sprache, mit den für unser Bündnis an dieser Schule wichtigen Elementen zu entwickeln und zu formulieren. Erst dann gehört uns die Vision wirklich. Dann wird sie handlungsrelevant und handlungsleitend.

Entscheidungsgrundlage

Eine Vision ist kein abstrakter Traum, der einmal zu Papier gebracht und prompt wieder in der Schublade vergessen wird. Mit einer Vision zu arbeiten bedeutet, diese Vision zum täglichen Werkzeug zu machen, sie als Basis für jede noch so kleine Entscheidung heranzuziehen. Transformation findet nicht über Nacht statt, so nach dem Motto: Alles wird richtig konzipiert und dann »fertig ist die neue Lernkultur«. Tatsächlich geht es darum, nach und nach alle Aspekte der Schule mit der Vision in Einklang zu bringen, Stück für Stück, Entscheidung für Entscheidung. Beschlüsse über Raumeinrichtung, Zeitplanung und Entscheidungsstrukturen sind genauso von der Vision betroffen wie der Lernalltag der Schülerinnen und Schüler. Ein Anfang kann zunächst gemacht werden, indem ich meine eigene Vision formuliere und sie dann verbindlich als Basis für jede Entscheidung nutze, die in meinem Einflussbereich liegt. In der Regel ist bei genauer Betrachtung der Entscheidungsrahmen wesentlich größer als angenommen.

Fantasie, Spiel
Unsere Vision konkretisieren erfordert nicht nur stringentes Denken, sondern auch Fantasie und spielerische Elemente. Ohne Fantasie gibt es nicht die Vorstellungskraft, die das System durchbricht und etwas Neues denkt. Potenzialentfaltung schafft Räume für Fantasie, die es ermöglichen, gemeinsam und alleine zu träumen. In einem anderen Zusammenhang hat der Anthropologe Arjun Appadurai den Begriff »capacity to aspire« geprägt. Es geht darum, wie weit unsere Vorstellungskraft reicht, dass alles auch ganz anders sein kann. Diese »capacity to aspire« ist ein zentrales Element für jede Vision und wächst, je mehr wir unserer Fantasie Raum geben.

Die Vision in den Lernprozess integrieren

Loszulegen heißt, die Vision von Potenzialentfaltung schon bei den ersten Schritten in das Erlebnis Lernen zu integrieren.

Handlungswissen und Fähigkeiten

Potenzialentfaltung in Lehr- und Lernprozessen ist kein isoliertes Konzept. Es ist die dritte konzeptionelle Stufe in einer Entwicklung der letzten Jahrzehnte. Bildung folgte lange dem Ziel der Wissensvermittlung. Wissen ist mehr als das Weiterreichen von Informationen. Wissen lebt mit der Transformation von Handlungsfähigkeit. Lehrende können Wissen so auswählen und aufbereiten, dass es von den Lernenden in Bezug zu Handlungen gebracht werden kann. Lernziele liegen damit nicht nur auf der inhaltlichen Ebene, sondern immer auch auf Ebene der Handlungsbefähigung.

Die Entwicklung der Fähigkeiten erfordert von den Lehrenden einen anderen Fokus: Sie werden zu Trainern, die im geschützten Raum den Schülern Möglichkeiten eröffnen, das Gelernte so lange und immer wieder zu üben, bis sie es verinnerlicht haben. Nehmen wir die Erkenntnis hinzu, dass Menschen einmalig sind und nicht alle denselben Wissens- und Fähigkeitenschatz mit denselben Lernmethoden benötigen, sondern die Möglichkeit erhalten sollten, auch eigene Wege eng am persönlichen Potenzial zu gehen, sind wir auf dem Weg zur Potenzialentfaltung. Frei nach Hüther »Jedes Kind ist hochbegabt« lautet der Auftrag an die Lehrenden, den Kindern bei der Entdeckung und Entfaltung ihrer je eigenen Hochbegabung zu helfen. Zu der Aufgabe des Wissensvermittlers und des Fähigkeitentrainers kommt die Aufgabe hinzu, individueller Lernbegleiter zu sein.

Neue Medien

Für den Wechsel von einer Wissensvermittlung durch den Lehrer hin zu einer Wissensaneignung durch den Schüler bieten neue Medien einen unglaublichen Wissensschatz. Zwischen Wikipedia und YouTube-Tutorials wird fast jedes Thema aufbereitet und visualisiert. Die berühmten TED-Videos inspirieren in 18 Minuten für neue Wissensgebiete von Nanotechnologie bis zu Evolutionsbiologie. Vor allem jedoch gibt es sehr gute Websites, die sich auf Wissenserwerb für Schüler spezialisiert haben, und es gibt spezielle Suchmaschinen für die Jüngeren wie die erste deutschsprachige Suchmaschine für Kinder: www.blinde-kuh.de. Konkret für den Unterricht bedeutet das, Wissensziele zu formulieren, statt das Wissen selbst aufzubereiten. Gleichzeitig können die Fragen hierbei jedoch so komplex sein, dass sie nicht mit dem Öffnen einer Seite und »Copy and Paste« zu beantworten sind. Je komplexer die Fragestellung, desto dringender benötigt sie für ihre Beantwortung eine Gruppe mit unterschiedlichen Fähigkeiten. Diese Erfahrung, gemeinsam schwierige Fragestellungen zu knacken, wird von den neuen Medien unterstützt. Wichtig ist hierbei, dass die Medien nie zum Selbstzweck, sondern immer nur Werkzeug bleiben. In seinem mittlerweile berühmten TED-Vortrag[16] berichtet der Bildungsforscher Sugata Mitra von seinem Projekt »Hole in the Wall«, in dem er zunächst in einem Slum in Neu-Delhi einen Computer in einer Mauer installierte. Als er nach acht Stunden vorbeiging, surften Kinder daran im Internet und brachten sich gegenseitig die Benutzung bei. Um sicherzustellen, dass sie dies nicht von einem gebildeten Erwachsenen gezeigt bekommen hatten, wiederholte er das Experiment 300 Meilen entfernt in einem indischen Dorf. Als er nach sechs Monaten wiederkam, spielten gerade Kinder Spiele darauf und erklärten ihm sofort, dass sie einen schnelleren Prozessor und eine bessere Maus bräuchten. Sie beschwerten sich etwas darüber, dass er ihnen eine Maschine gegeben hatte, die nur auf Englisch funktioniere und sie sich daher zuerst selbst Englisch beibringen mussten.

Sich Herausforderungen stellen

Die Arbeit mit Herausforderungen ist nicht nur auf der Wissensebene möglich. Die Schülerinnen und Schüler wissen, was ihnen genug am Herzen liegt, um persönlichkeitsbildende Herausforderungen annehmen zu wollen. Diese können auch in gesamten Klassenverbänden durchgeführt werden, soweit es diese noch gibt.

Vom Inhalt zum Prozess

Insgesamt bedeutet die Arbeit mit Wissenszielen und Herausforderungen vor allem eines: Die Vorbereitung bezieht sich nicht mehr auf die inhaltliche Aufbereitung, sondern auf die Gestaltung des Lernrahmens. Es geht nicht mehr darum, die richtigen Informationen auszuwählen und so aufzubereiten, dass sie verstanden werden können. So geht es auch nicht mehr darum, ein ganzes Netz von extrinsischer Motivation um das Pflichtwissen zu knüpfen. Stattdessen geht es um die Frage, wie Aufgaben und Aktivitäten für die

Schüler so »gestrickt« werden können, dass sie von sich aus Ziele formulieren und erreichen. Hierzu bedarf es auch einer wertschätzenden, unterstützenden Gruppendynamik, einer Achtung von Vielfalt und die Bereitschaft, miteinander Herausforderungen anzunehmen.

Anfangen kann hier bedeuten, die Bedenken für eine Weile beiseite zu lassen und den Fokus zu verschieben: vom Wissen hin zu Lernstrukturen und zur Art des Miteinanders.

Teil der Bewegung sein

Veränderung wird jeden Tag in jeder Schule neu gelebt. Dafür gibt es keine Gebrauchsanweisung. Sie fordert in jeder Situation den Blick auf die Schülerinnen und Schüler, auf uns selbst und auf den größeren Zusammenhang. Hier stehen wir für uns selbst. Loszulegen verlangt von uns, es als ganze Person zu tun.

Mutgemeinschaften

Gleichzeitig gibt es schon Bewegung, vielleicht sogar *eine* Bewegung. Wir können auf vielem aufbauen: Reformpädagogik, zahlreiche innovative Schulen und politische Initiativen arbeiten bereits seit vielen Jahrzehnten mit neuen Konzepten. Vor allem aber sind es viele Menschen, die sich bewusst oder unbewusst in diese Richtung bewegen. Sie alle wollen, dass Schule sich weiterentwickelt.

Alleine übernehmen wir Verantwortung; gemeinsam bewegen wir etwas an der Schule. Als Bewegung bewegen wir noch viel mehr. Alle drei Ebenen sind Perspektiven in unserem konkreten Handeln. Die Bewegung ist der Wechsel von der Mecker- zur Mutgemeinschaft.

Schon in dem Wissen, dass viele Menschen loslegen, liegt Kraft. Aktionsgruppen in Kommunen und Regionen und vor allem auch die Vernetzung über das Internet geben die Möglichkeit, die Bewegung wahrzunehmen.

Die Fragen, die uns bei Begegnungen on- wie offline begleiten, sind: Was wollen wir erreichen? Was können wir selber tun? Später dann: Wie können wir unsere Ansätze und Erfahrungen kommunizieren? Um dann diese in unserer Realität erprobten politischen Vorschläge formulieren zu können!

Eine Mutgemeinschaft ist ein sicherer Ort, an dem ich mit meinen Träumen gehört werde und an dem ich Unterstützung erhalte, wenn ich sie wünsche. Loslegen bedeutet hier, sich mit anderen Menschen zu verbinden und gemeinsam die Verantwortung dafür zu übernehmen, dass dieser sichere Ort erschaffen und erhalten wird.

Eine Bewegung ist mehr als ein Netzwerk. Im Zentrum bewegen sich Menschen, die sich aktiv miteinander verbinden, sich persönlich kennen, sich treffen. Im erweiterten Kreis gibt es eine community, die in verschiedenen Online-Welten agiert. Der größte Teil der Bewegung ist für uns jedoch unsichtbar. Es sind die eigentlichen Helden, die Menschen, die sich inspirieren lassen und dann an die Umsetzung gehen. Die Sicherheit, ideell von weit mehr Menschen getragen zu werden, als für uns sichtbar ist, ist eine kontinuierliche Quelle der Ermutigung.

Pilotprojekte

Auch eine Bewegung braucht konkrete Orte des Lernens. Das sind die Schulen im Land, die schon aufgebrochen sind. Erfahrungen existieren bereits und stehen zur Verfügung, damit wir von und mit ihnen weiterlernen. Viele von ihnen haben ihre Erfahrungen online zur Verfügung gestellt; sie erhalten Preise und schaffen Öffentlichkeit. Doch für jedes bekannte Pilotprojekt gibt es hunderte weitere Vorhaben. Wie können wir also anfangen? Indem wir hingehen! Lasst uns die besuchen, die wir entdeckt haben, von denen wir hören. In vielen Fällen darf man hospitieren, die meisten Menschen freuen sich, ihre Erfahrungen mit anderen zu teilen. Solche Besuche sind Lernreisen und viele dieser Vorhaben sind wunderbar, dürfen aber auf keinen Fall idealisiert werden. Sie dienen nur der Inspiration, der Erweiterung unseres Vorstellungsvermögens.

Warum Idealisierung schade wäre? Die Bewegung der Potenzialentfaltung sucht nicht nach einer Schulstruktur, die funktioniert und dann von den anderen multipliziert wird. Es ist eine Bewegung der individualisierten Gemeinschaften (Gerald Hüther) – in denen Menschen und Organisationen sich in ihrer Einmaligkeit entwickeln, mit Unterstützung von anderen, die sich auf demselben und zugleich ganz eigenen Weg befinden. Daher lauten die leitenden Fragen bei diesen Besuchen immer: Berührt es mich? Überzeugt es mich? Passt es zum Potenzial unserer Schule?

Auch für die Gastgeberschulen ist es wichtig, nicht idealisiert zu werden. Sie sind selber lernende Organisationen, sie haben nur bereits angefangen, das umzusetzen, woran sie glauben, zu experimentieren. Sie als Experten abzustempeln, würde bedeuten, sie aus der Bewegung auf Augenhöhe auszuschließen. Wir würden ihre hochgradig relevante Fehlerfreundlichkeit gefährden.

Was heißt das in konkreten Schritten? Zeit im Internet verbringen, andere Menschen und Schulen besuchen und persönlich kennenlernen.

Vernetzung

Was genau bedeutet die individualisierte Gemeinschaft, wenn ich auf all die Personen und Schulen blicke, die neben mir aufgebrochen sind? Es liegt in meiner Verantwortung, meinen eigenen, ganz individuellen Weg zu entdecken und zu beschreiten. Das ist jedoch nicht alleine möglich, das würde nur bedeuten, dass ich mich überfordere, weniger lerne und mit viel Frustration umgehen muss. Daher benötige ich neben mir Menschen, die ich unterstützen darf und die mich begleiten. Eine Bewegung setzt sich aus vielen kleinen Netzwerken zusammen und es liegt an mir, mich einem anzuschließen oder ein neues zu gründen.

Netzwerke sind wunderbare Orte der Verknüpfung, sie geben Halt, bieten Lernräume, bündeln Aktivitäten … und machen regelmäßig sehr sehr ungeduldig. Netzwerke sind in der Regel selbst organisierte, ehrenamtliche Zusammenschlüsse. Das bedeutet, es gibt weder klare Strukturen, an der sich die Zusammenarbeit orientiert, noch verlässliche Zeitressourcen der Mitstreitenden. Unterschiedlichste Menschen und Arbeitskulturen treffen aufeinander. Netzwerke beginnen oftmals mit einem riesigen Inspirationsfeuer, das dann nach und nach aufhört zu flackern.

Es gibt jedoch ein paar Dinge, die das Feuer länger am Leben halten. Hilfreich ist auf jeden Fall, wenn eine oder einer die Moderation übernimmt, Ergebnisse zusammenfasst und visualisiert und darauf achtet, dass alle zu Wort kommen. Wichtig ist auch, regelmäßig gemeinsame kleine Erfolge in der Außenwelt zu schaffen und nicht nur im Reden zu verharren. Handeln statt kreisende Besprechungen. Unterstützend ist auch, wenn in regelmäßigen Abständen Zeit investiert wird, um sowohl auf die gemeinsame Arbeitsweise als auch auf die leitende Vision zu blicken.

Teilen, teilen, teilen

Nehmen wir also Potenzialentfaltung ernst, werden wir unglaublich viel lernen: über Möglichkeiten, über uns selbst, über andere Menschen und Schulen. Da eine Bewegung immer auf einem Gesamtgleichgewicht von Nehmen und Geben basiert, folgt auf das Lernen, lernen, lernen das Teilen, teilen, teilen. Ebenso wie andere eine Inspirationsquelle für uns sind, können wir eine Inspirationsquelle für andere sein. Über das offene Teilen von Erfolgen und ungelösten Fragen kann jeder heraustreten aus dem passiven Konsum von Wissen und hineintreten in eine Bewegung, die gemeinsam neues Wissen entwickelt und erprobt. Wir stiften an – zu mutigem Handeln in Schulen.

»Was immer du tun kannst oder träumst es zu können, fang damit an! *Mut* hat Genie, Kraft und Zauber in sich!« Johann Wolfgang von Goethe

Schule im Aufbruch

Schule wird von uns gemacht: von Schulleitern, Eltern, Lehrern und Schülern; Unternehmen und Kommunen können sich einbringen. Jede Schule kann und muss sich selbst in Richtung neuer Lernkultur auf den Weg machen, auf den ihr eigenen Weg. Um dazu anzustiften, sich zu vernetzen und gegenseitig zu unterstützen, haben wir die Initiative *Schule im Aufbruch* gegründet.

Wir – Margret Rasfeld, Gerald Hüther und Stephan Breidenbach – haben als Kernexperten bzw. Koordinatoren im von Bundeskanzlerin Angela Merkel initiierten »Dialog über Deutschlands Zukunft« zusammen mit vielen Experten an der Frage »Wie wollen wir lernen?« gearbeitet. Schule, der wichtigste Lernort unserer Gesellschaft, gehört jedoch nicht zur Bundespolitik. Schule ist Ländersache und war daher kein direktes Thema im Dialog mit der Kanzlerin. Doch wir brennen für Potenzialentfaltung! Gerade in der Schule, die so viele Weichen stellt.

Das Besondere unserer Initiative ist: Sie ist nicht *gegen* etwas. Sie ist *für* etwas – *für* einen Paradigmenwechsel in der Schule, der nicht nur Wissenserwerb freischaltet, sondern dessen eigentliches Anliegen die Potenzialentfaltung ist. Das bedeutet: Optimierung des Alten reicht nicht. Es geht um einen Paradigmenwechsel. Um eine starke Innovation. Um eine grundsätzliche Haltungsänderung.

Es ist schon schwierig genug, *gegen* etwas zu sein. Für etwas zu sein, ist ungewohnt und komplex. Dahinter steht die Überzeugung, dass ein »Für« genau jetzt notwendig ist: Erfolgreiche Leuchttürme und viele Erfahrungen zu skalieren, in die Breite zu tragen, strategisch im System zu operieren.

Das gilt natürlich nicht nur für das Schul- und Bildungssystem, sondern gleichermaßen für alle großen gesellschaftlichen Themen. Wo Politik für die zentralen Themen unserer Gesellschaft – Gesundheit, Energie, Mobilität und eben auch Bildung und Schule – keine Strategien entwickelt, sind Zivilgesellschaft und Wirtschaft gefragt. Das sind wir! Wir können notwendige und zukunftsweisende Veränderungen selbst denken, initiieren und umsetzen.

Eine gesellschaftliche Bewegung kann man nicht aus dem Nichts initiieren. Sie kann auf vorhandene Kräfte, Gedanken und Bewegungen aufsetzen. Viele Menschen wünschen sich eine andere Schule, eine andere Art zu lernen, eine andere Beziehungskultur. Oder sie haben zumindest das unbestimmte Gefühl, dass es so nicht weitergehen kann. Mancher beschwert sich in kleiner Runde; manche meint, die Politik müsse handeln. Es fehlt nicht selten der Zusatz, man selbst sei ja machtlos …

Unsere Frage ist, wie alle diese Menschen zusammen in die Bewegung kommen. Das ist die Frage, die sich eine Initiative *für* etwas jeden Tag stellt. Presse-Echo, Bekanntheitsgrad und finanzielle Zuwendungen sind kein Gradmesser für ihren Erfolg. Erfolg hat sie, wenn sich etwas in die richtige Richtung bewegt. Wenn sich *für* die Schulen etwas ändert – am besten durch die Schulen selbst angestoßen.

Die Initiative *Schule im Aufbruch* arbeitet auf vier Ebenen:

1. Eine gesellschaftliche Bewegung braucht zunächst *Inspiration*; sie muss zeigen, dass eine andere Schule vorstellbar ist. In unseren Road Shows und Vorträgen teilen vor allem Schülerinnen und Schüler aus Schulen, die ihre Visionen von einer Potenzial entfaltenden Lernkultur bereits um-

gesetzt haben, ihre Erfahrungen und Einsichten. In vielen Städten kamen jeweils mehr als 1000 Menschen, um sich von ihnen inspirieren zu lassen. In unseren Filmen und Veröffentlichungen zeigen wir Menschen und Schulen, die Potenzialentfaltung leben. Wir versuchen, ihre Visionen greifbar zu machen; es geht um die »capacity to aspire«.

2. Viele Schulen haben sich bereits auf den Weg hin zu einer neuen Lernkultur gemacht. Wir synthetisieren ihr *Wissen* und die *Erfahrungen*, um andere Schulen im Aufbruch zu ermutigen und zu befähigen, den Fokus weg von der Wissensvermittlung auf die Potenzialentfaltung zu richten. Immer denken wir dabei Inhalt, Haltung und Prozess und stellen sie zusammen vor. Es gibt so viele ermutigende Beispiele und so vieles, das sich aus Fehlern lernen lässt!

3. Damit Wissen angewendet werden kann, unterstützt *Schule im Aufbruch* beim Lernen. Es geht um *Fähigkeiten*; es geht um die Frage: Wie können wir Menschen Rahmenbedingungen zur Verfügung stellen, die ihnen eine persönliche Entwicklung und damit eine Änderung ihrer Haltung ermöglichen? Hierzu bedarf es organisierter, reflexionsbasierter, gemeinsamer Lernprozesse, on- und offline. *Schule im Aufbruch* arbeitet online z. B. mit MOOCs (Massive Open Online Courses), die die Teilnehmenden als aktive Lernende verstehen. Hier kommen sie mittels Handlungs- und Reflexionsaufgaben, die sie in ihrer realen Lebens- und Schulwelt bewältigen, auf der Grundlage des angebotenen Wissens direkt ins Handeln – und damit zu Erfahrungen, die es zu *wirklichem* Wissen machen, weil sie das Gelesene verinnerlichen und sie dadurch handlungsfähig werden.

Das Kursprogramm von *Schule im Aufbruch* und ein bereits konzipierter Studiengang zum Potenzialentfaltungscoach verfolgen das gleiche Ziel: neue Lernkultur nachhaltig leben.

4. Für nachhaltiges Handeln brauchen wir Unterstützer und Beziehungen: *Vernetzung* mit den vielen, die sich eine für dieses Jahrhundert angemessene und zugleich zukunftsweisende Schule vorstellen oder sie zumindest erahnen können, ist der Schlüssel. Wir wollen Räume für Begegnungen, Resonanz und Synchronisation eröffnen, damit sie alle wahrgenommen und wirksam werden können. Rege Online-Communities und Offline-Regionalgruppen in mittlerweile über 30 Städten sind ein ermutigender Anfang. Wir wollen diese Inseln von Lösungen vernetzen, damit ihre Erkenntnisse in die breite Anwendung kommen.

Wir, die Menschen hinter der Initiative *Schule im Aufbruch*, glauben, dass sich jeder Mensch seiner Gestaltungsmacht bewusst werden und sie leben kann. Gelebte Potenzialentfaltung öffnet Möglichkeitsräume.

Folgen wir Hannah Arendt: »Handeln ist ein Wir und kein Ich.« Wo sonst als in der Schule sollten wir beginnen, unsere Potenziale zu entfalten? Wo sonst sollte die mündige, handelnde Bürgerin die Magie der Wirksamkeit, die Freude am sinnbringenden Gestalten und den Zauber der Gemeinschaft kennenlernen, wenn nicht in der Schule?

10
SCHULEN UND REGIONEN LEGEN LOS ...

Es gibt wunderbare Schulen in Deutschland. Und gleichzeitig bewegt sich etwas auf breiter Front. Die Zeit ist reif. Immer mehr Schulen brechen auf. Einige schon viele Jahre. Eine Bewegung verbreitet sich. Die unzähligen Anfragen und Rückmeldungen an *Schule im Aufbruch* machen das tagtäglich deutlich. Aus Gesprächen, Mails, Besuchen, Tagungen haben wir die Erfahrung mitgenommen, dass drei Dinge besonders kraftgebend für das eigene Handeln sind: die Vision, Beispiele und Mut. Visionen haben starke Burnfor-Energie, konzentrieren sich auf Bedeutsames und das, was das Herz bewegt. Gelebter Mut weckt Mut. Und Beispiele sind eine Inspirationsquelle. Sie rühren an inneres Wissen, haben die Kraft, verschüttete Visionen wiederzuerwecken und sind zuweilen magische Momente. Potenzialentfaltung bewegt alle: Schüler, Lehrer, Eltern, Schulleiter, Schulaufsicht, Sozialarbeiter und Erzieher, Ausbilder für Referendare, Professoren und Lehrbeauftragte an Universitäten, Unternehmer, Stiftungsvertreter, Bürgerinnen und Bürger. Wir können hier nur von unseren Erfahrungen der Initiative *Schule im Aufbruch* berichten. Und wir wissen, dass viel mehr im Aufbruch ist!

Schüler als Experten: ein Pionierformat

Schreiben kann man vieles, visionieren und Konzepte entwickeln ebenfalls. Gelebte Praxis überzeugt. Und wenn die Praxis von Kindern und Jugendlichen vorgestellt wird, mit Geschichten, authentisch, begeisternd, aus dem Herzen, dann kann die Wirkung groß sein. An vielen Schulen ist es bereits gängige Praxis, dass Schüler Besucher empfangen und ihre Schule präsentieren. Schülern zuzutrauen, dass sie durch die Republik touren und Lehrer fortbilden, Workshops für Schulleiter anbieten, mit Unternehmern über wertschätzende Beziehungskultur diskutieren, ist neu. Und zugleich logische Konsequenz, wenn wir das Zutrauen in die Potenziale junger Menschen wirklich ernst nehmen. Denn dann folgt daraus, dass wir Schülern als Experten des Lernens eine Stimme und Öffentlichkeit geben.

Genau das setzt die esbz, die Evangelische Schule Berlin Zentrum, um. Schüler sind als Bildungsexperten unterwegs. Sie inspirieren und ermutigen zum Handeln. So ist die esbz ein wichtiger Inspirationsort für die Bewegung geworden. Die Schule hatte so viele Anfragen für Hospitationen und Fortbildungen, dass sie systematisch jeden Monat halbtägige Workshops anbietet. Es kommen Lehrer, Schulleiter, ganze Kollegien oder Teilkollegien, Professoren, Studierende, Eltern, Interessierte aus Instituten, Stiftungen, Unternehmen. Das Besondere: Die Fortbildungen werden weitgehend von Schülerinnen und Schülern durchgeführt. Die Jugendlichen überzeugen dabei durch ihr authentisches Auftreten. Sie erreichen die Menschen kognitiv und emotional. Dass 13-Jährige in der Lage sind, eine fremde Gruppe teils skeptischer Erwachsener souverän zu moderieren, sich völlig fremden Erwachsenen als Partner und Experten des Lernens zu stellen, die Übersicht in der Gruppe zu behalten und auch auf kritische Beiträge einzugehen, ist für viele ein erweckendes Erlebnis.

»Die Schüler sind für mich überzeugend und absolut authentisch. Sie machen mir Mut, auch skeptischen Kollegen gegenüber Kraft zu entwickeln und Durchhaltevermögen.«

»Mich hat total überzeugt, wie sicher Ihr aufgetreten seid und wie sachkompetent Ihr auf alle Nachfragen reagieren konntet. Vielen herzlichen Dank. Das hat mich inspiriert!«

»Sehr beeindruckt bin ich von eurer Begeisterung, sie hat mich auch begeistert und zutiefst berührt.«

»Danke für die menschlich ehrlichen Antworten und Einschätzungen.«

»Es tut gut, eine Schule mit einem Lächeln auf den Lippen und der Überzeugung zu verlassen, dass auch unter widrigen Umständen ganz viel machbar ist, wenn die Haltung zu Schülern und Schule eine andere ist.«

»Auch die Schulleiter, die dabei waren, wurden von den Schülern, deren Kompetenz und Überzeugungskraft ›geknackt‹. Tolle, selbstbewusste Kinder, die zu ihrer Schule stehen, die aber auch Probleme ansprechen. Hier sind Menschen, die von Menschen als Menschen gesehen werden. Es hat mich echt glücklich gemacht, das erleben zu dürfen. Ich bin voller Tatendrang und Mut.«

»Wir sind sehr begeistert von dem Konzept und möchten die Grundgedanken zur Grundlage für die Gründung der neuen Gesamtschule in unserer Stadt machen.«

»Den Besuch bei Euch habe ich in allerlebendigster Erinnerung. Und jedem, dem ich begegne, erzähle ich begeistert davon ... Ihr habt mich umgehauen und ins Staunen gebracht mit eurer positiven Einstellung, Dinge schaffen zu können ... Zu oft bemerke ich leider, dass junge Leute sich nur sehr wenig zutrauen, was mich oft richtig traurig macht. So nehme ich denn vieles aus dem Besuch bei Euch in mein Herz auf, und es wird sich in meiner täglichen Arbeit auf verschiedene Weise bemerkbar machen. Besonders, da ich auch gerade dabei bin, an der Umgestaltung einer Schule mitzuwirken.«

Seit Gründung von *Schule im Aufbruch* erreicht die esbz durch ihre Berliner Fortbildungen jeden Monat ca. 150 Interessierte. Dazu kommen viele Tagungen, bei denen Schüler aktiv sind. Inzwischen werden sie sogar alleine als Referenten eingeladen.

»Klara und Marie haben uns zutiefst beeindruckt. Es ist ihnen gelungen, das Schlagwort ›Bildung braucht Beziehung‹ mit Leben zu füllen und aufzuzeigen, wie Lernen als Erfahrung gelebt werden kann. Zwei 15-Jährige! Ganz alleine. Es war eine Bereicherung für mich, für 40 Schulleiter und für 200 Lehrer. Vielen vielen Dank dafür.«

So wurden 2012 über 10 000 Menschen und 2013 ca. 24 000 Menschen erreicht, davon 10 000 alleine durch eine Roadshow, bei der acht Schüler, der Hirnforscher Gerald Hüther und die Schulleiterin der esbz in zehn Tagen durch elf Städte tourten. Drei Kultusministerinnen hatten Schirmherrschaften übernommen und waren vertreten.

Der Schulleiter eines Berliner Gymnasiums, der das Fach Verantwortung einführen will, mailt: »Darf ich mir drei Schüler für unser Gymnasium ausborgen für die Vorstellung des Projekts Verantwortung in der Lehrerkonferenz? Sie könnten authentisch Fragen beantworten und von ihren

Erfahrungen berichten ...« Später: »*Danke. Es war super ... Unsere Schule wird Verantwortung einführen.*«

Uni Frankfurt: »Die Zeit mit Anselm an der Uni war total klasse (Anmerkung der Autoren: Anselm, ein Neuntklässler, hat sein zweiwöchiges Praktikum an der Uni Frankfurt gemacht). Der hat so viel in die Seminare eingebracht ... die Studierenden haben das auch echt genutzt, solche persönliche Schulerfahrung anzapfen zu können. Solche Echt-Inspiration aus erster Hand, das ist es.«

Nicht Schulleiter, nicht Erziehungswissenschaftler, nicht Politiker sind die Träger der Botschaft für Potenzialentfaltung. Es sind die Schüler, die überzeugen.

»Die Erinnerung an die Woche mit den vier jungen Bildungsbotschaftern ist uns in lebhafter Erinnerung. Unsere Schüler sind angesteckt, die Lehrer und die Eltern ›hin und weg‹ von der Klarheit, mit der die Jugendlichen das neue Lernen dargestellt haben. Dank der langen aktiven Mithilfe und Zusammenarbeit mit *Schule im Aufbruch* ist es uns im Schulamt Heilbronn gelungen, in diesem Schuljahr insgesamt elf Gemeinschaftsschulen an den Start zu bringen – für das kommende Schuljahr werden nochmal weitere vier Gemeinschaftsschulen voraussichtlich dazukommen. Die Resonanz in der Lehrerschaft, der Elternschaft und in der Presse an uns ist grandios! Und das gibt uns *Mut*!«, so das Schulamt Heibronn.

Die VHS Essen traut ebenfalls jungen Menschen Großes zu:

»Ich lasse nun auch meine Leute aus dem Zweiten Bildungsweg die Seminare machen, die sonst Dozenten übernommen haben. Klappt toll.«

Uni Frankfurt: »Ich lade nun Schüler mit ›anderen Schulerfahrungen‹ in die Seminare ein, das hab ich von *Schule im Aufbruch* gelernt ... funktioniert *immer*.«

Und eine Grundschulleiterin schreibt:

»Es war großartig. Ich habe mich getraut, mit sieben mutigen Schülern in die Landeshauptstadt zu fahren, wo wir gemeinsam unsere Schule vorgestellt haben. Es war ein Experiment, denn noch nie habe ich Schüler als Referenten mitgenommen, und das vor 30 Schuldirektoren und der Schulaufsicht. *Schule im Aufbruch* hat mich dazu inspiriert. Vielen Dank dafür. Alle Kinder waren begeistert ... und die Kinder wollen wieder zu Wort kommen ... eigentlich sind sie kaum zu bremsen ... alle!«

All das hat Folgen

München, November 2011, ein Vortrag im Rahmen des Kongresses »Theater träumt Schule«. Die Reaktionen zweier Schulleiter:

»Es war die beeindruckendste Veranstaltung, die ich je erlebte ... Mir geht es einfach darum, Veränderung herbeizuführen. Ohne, dass die Menschen es erlebt haben, geht das nicht. Es ist klar, dass sich ein Prozess anschließen muss, aber der braucht Anstoß.«

»Ich bin eine der Münchner Schulleiterinnen, die von Ihren Ideen und Ihren Schülerinnen und Schülern begeistert ist ... Mein Eindruck ist, unsere ganze Energie fließt ins Reparieren. Ich würde diese Energie viel lieber konstruktiv einsetzen und bin sicher, dass es dann sowohl den Schülern als auch den Lehrkräften besser ginge ...«

Daraus resultierten im Januar 2012 eine Veranstaltung

von mehreren Münchner Realschulen mit über 400 Teilnehmern und im März 2012 eine Fortbildung an der esbz mit 50 Münchner Lehrern. Im Anschluss gründeten die Realschulen den Arbeitskreis Münchner Realschulen zur Innovation der Lernkultur. Und bereits im Herbst starteten einige Schulen mit offenen Lernsettings (Lernbüros), Lehrer-Tutorsystemen und dem Projekt »Verantwortung«. Das Material für die Lernbüros haben die Schulen gemeinsam erstellt und dann geteilt. Der Münchner Austausch geht weiter. Es folgten Besuche von Schulleitern, Lehrern, Schulaufsicht.

Hier das Beispiel einer Städtischen Realschule in Bayern:
Sie arbeitet in Lernhäusern mit jeweils einer Koppelung der Jahrgangsstufen fünf bis zehn. In Lernbüros arbeiten die Schüler zweimal in der Woche vier Stunden für die Fächer Deutsch, Englisch und Mathematik. Projektorientierter Unterricht folgt den Schwerpunkten – naturwissenschaftlich, sprachlich und sozial. Leitgedanke der Schule ist: »Schule soll Lebens- und Erfahrungsraum sein. Wir wollen mündig für das Leben machen, Mut machen, neue, eigene Wege zu gehen, soziale Verantwortung zu übernehmen, Interesse für Naturwissenschaften und Technik wecken. Voneinander lernen, durch kollegiale Unterrichtsbesuche, Hospitationen von Leuchtturmschulen – das hat uns weitergebracht und hierin sehen wir auch weiterhin ein wichtiges Instrument, Schule zu verändern.«

Baden-Württemberg im Aufbruch

Auch Baden-Württemberg ist mit seinen Gemeinschaftsschulen in Aufbruchstimmung. Hierzu eine kleine Inspirationsgeschichte. Im Februar 2010 besuchte eine Kommission Bildungsverantwortlicher des Kultusministeriums und der Kommunen die esbz. Es folgten im November 2010 zwei Veranstaltungen im Kreis Heilbronn, morgens mit 800 Lehrern, abends eine weitere Veranstaltung wieder in einem übervollen Saal. Für einige mit magischen Momenten verbunden. Lehrer und Schulleitergruppen, Multiplikatoren kamen auch im folgenden Jahr nach Berlin, ein Workshop mit *Schule im Aufbruch* klopfte Bedürfnisse ab. Schulleitertagungen folgten und folgen. Aufbruchsgeist wird in die Tat umgesetzt:

»Dürfen wir im Februar wiederkommen? Mit einer Besuchsgruppe aus Schulleitungen, Verantwortlichen der Schulämter Heilbronn und Pforzheim sowie Schuldekanen? Ihre Vorträge hier mit Ihren Schülern haben starke positive Eindrücke hinterlassen. Mut, der guttut. Jetzt kommt Bewegung in die Schulentwicklung. Diejenigen, die 2010 bei Ihnen waren, sind der Motor für die Gründung von Gemeinschaftsschulen hier!«

»Ich habe vor wenigen Wochen ihr Schulkonzept der Potenzialentfaltung entdeckt – oder es entdeckte mich. Und ich bin hellauf begeistert. Ich arbeite als Berater für das Kultusministerium Baden Württemberg. Ich wäre sehr dankbar, wenn wir Sie mit Ihren Schülern für eine große Tagung mit Lehrern, Schulleitern und Schulamtsvertretern gewinnen könnten … Danke für Ihre Inspirationen, *Schule im Aufbruch* und Ihr Mut machendes Engagement.«

Niedersachsen im Aufbruch

Januar 2014, Goslar: Tagung aller didaktischen Leiter von insgesamt 112 Gesamtschulen. »Geht nicht, gibt's nicht. Schulen im Aufbruch« ist die Tagung überschrieben. Welch aufmunternde Botschaft. Einen ganzen Tag geben Schüler Inspirationen, diskutieren in Kleingruppen, regen an und auf. Viele didaktischen Leiter fangen Feuer wie auch die Vertreter des Fortbildungsdezernats. Die große Frage der Teilnehmer: »Wie bekommen wir das Feuer nun in unsere Schulen? Könnt Ihr kommen, können wir kommen? Die Kollegen müssten die Energie aus erster Hand spüren.« Und auf der Rückreise hat Ivi eine Idee: »Wir haben doch im Juni Talentwoche. Da könnten wir durch Niedersachsen touren.« Sie schreibt eine SMS an die Veranstalter. Am nächsten Abend steht die Route. 45 Schulen wollen sich zusammentun und organisieren eine Roadshow: Sechs Schüler, fünf Tage, vier Städte: Hannover, Braunschweig, Buxtehude und Oldenburg. Zwei Vertreter von *Schule im Aufbruch* werden die Regionalgruppen einbinden. Alle sind gespannt, was sich entwickelt.

Nordrhein-Westfalen im Aufbruch

Auch in NRW findet ein reger und kontinuierlicher Austausch mit Schulen statt. Gegenseitige Besuche, Coachings, Vergewisserung, Ermutigungen, Teilen von Material und Erfahrungen. Auf Initiative der 4. Gesamtschule und des Bildungswerks Aachen hat sich im Mai 2014 ein Netzwerk von zehn Schulen in NRW zusammengetan, die alle an einer neuen Lern- und Beziehungskultur in der Schule interessiert sind. Neben der 4. Gesamtschule Aachen und der Sekundarschule Jülich sind das bisher eine Realschule, die mit einer anderen Realschule fusioniert und neue Wege gehen will (Grevenbroich), eine neu gegründete Gesamtschule, die erst ab Sommer 2014 an den Start geht (Herinsberg-Oberbruch), die Offene Schule Köln, die Matthias-Claudius-GE in Bochum, Bonns Fünfte (Gesamtschule) sowie zwei Gesamtschulen, die versuchen, ihre Schule im laufenden Betrieb zu transformieren (GE Leverkusen-Schlebusch und GE Uellendahl-Katernberg in Wuppertal).

Einen Einblick gibt diese Mail vom April 2014: »Die Stimmung war sehr gut und hält weiter an. Am letzten Freitag hatten wir dann ein erstes Netzwerktreffen mit zehn Schulen aus der weiteren Region (bis Bochum), die alle ›im Aufbruch‹ sind und sich fest vernetzen wollen. Dazu haben wir für Oktober einen gemeinsamen Fachtag vereinbart, wo wir gemeinsam Erfahrungen austauschen und Perspektiven entwickeln wollen. Auch hier war eine tolle (Aufbruch-)Stimmung und eine super Mischung von Schulen, die schon z. B. mit Lernbüro arbeiten, Schulen, die neu gegründet sind und sich auf den Weg machen wollen, und auch großen Systemen, die den Umbau im laufenden Betrieb anzetteln wollen. Es tut sich also eine Menge in NRW.«

Die 4. Gesamtschule Aachen ist eine 2011 neu gegründete vierzügige Gesamtschule. Im Sommer kommt der vierte Jahrgang dazu, d. h. dann lernen hier Schülerinnen und Schüler von Klasse fünf bis acht. Das Lehrerkollegium wächst dann auf circa 34 Kolleginnen und Kollegen an.

Nach einem Besuch im Gründungsjahr bei der esbz haben Schulleiter Hanno Bennemann und sein Team, unterstützt durch den externen Schulbegleiter Ali Döhler (Bildungswerk Aachen), ein reformpädagogisches Konzept erarbeitet. Konkret bedeutet das:

Die Schüler arbeiten jeden Morgen jahrgangsübergreifend zwei Stunden in den Lernbüros Deutsch, Mathe, Englisch, Naturwissenschaften und Gesellschaftslehre sowie in einem zusätzlichen Lernbüro für die Schüler mit Lernschwierigkeiten. Der klassische Fachunterricht ist nur noch mit je einer Stunde Deutsch, Mathe und Englisch vertreten. Alle anderen Fächer sind in die Projektzeit und in Werkstätten organisiert. Die beiden Klassenlehrer begleiten ihre Schüler intensiv im Rahmen von drei Beratungsstunden (Studier- und Beratungszeit) pro Woche. Das strukturelle Rückgrat der auf hohe Eigenverantwortung bauenden Lernformen ist das Logbuch. Seit Beginn des Schuljahrs 2013/14 sind die Schülerinnen und Schüler der siebten Klassen im Projekt Verantwortung engagiert. Ab dem Schuljahr 2014/15 wird sukzessive das »Projekt Herausforderung« entwickelt, das mit dem Start des Schuljahres 2015/16 erstmals in den Klassen sieben bis neun durchgeführt werden soll. Jeden Monat können interessierte Besucher an organisierten Hospitationen teilnehmen, um sich über den Transformationsprozess zu informieren.

Die Stimmung unter den Schülerinnen und Schülern, Eltern, Kolleginnen und Kollegen sowie Kommentare von Besuchern lauten so:

»Ich habe in meinem langen Lehrerleben noch nie so viel gearbeitet, bin aber auch noch nie so zufrieden mit meiner Arbeit gewesen.« (Lehrerin)

»Das Schöne ist, ich bin jetzt eigentlich weniger Lehrer, sondern viel mehr Lernbegleiter meiner Schüler.« (Lehrer)

»Wie viel Begeisterung in dieser Schule steckt, zeigt für mich allein schon die Tatsache, dass wir im Mai 2014 mit dem kompletten (!) Kollegium drei Tage zusammen in Berlin waren, uns mit den Kolleginnen der esbz ausgetauscht und unsere Konzeption überprüft und weiterentwickelt haben. Und das haben die Kollegen auch noch alles selber bezahlt.« (Schulleiter)

»Ich habe mich als alter Realschul-Leiter auch erstmal umgewöhnen müssen und manch schlaflose Nacht verbracht mit der Frage, kriegen wir das hin und vor allem kriegen unsere Schüler das hin? – Mittlerweile weiß ich: Das neue System ist deutlich besser als das herkömmliche. Das zeigen mir die hohe Eigenverantwortlichkeit und die Lernfortschritte unserer Schüler, das zeigt mir das tolle Engagement meines Kollegiums und das zeigen mir mittlerweile die Reaktionen unserer Eltern.« (Schulleiter)

»Ich als Externer und Nicht-Lehrer würde das neue System ja schon aus reiner Notwehr installieren: Wie soll man denn als Lehrer mit der ganzen Unterschiedlichkeit in so einer 27er-Klasse klarkommen? Für mich sind die neuen Lern- und Arbeitsformen die zukunftsweisende Antwort auf die Herausforderung zunehmender Heterogenität.« (Externer Schulentwicklungsbegleiter)

»Ich war vorher eher skeptisch, weil ich die Vorstellung hatte, die Schüler wären zu stark auf sich selber gestellt. Jetzt bekomme ich mit, dass die Arbeit mit dem Logbuch und die intensive Beratung der Schüler dem Ganzen die nötige Struktur geben. Und ich sehe, dass es wirklich klappt.« (Lehrerin nach einer Hospitation)

»Das würde ich mir für meine Klasse wünschen: Das ist ja beeindruckend, wie ruhig und konzentriert das hier im

Lernbüro abgeht.« (Lehrer einer anderen Schule während einer Hospitation)

»Das ist ja irre zu sehen, dass das hier alles geht, was man sich selber immer gewünscht hat für den eigenen Unterricht.« (Realschulleiter während einer Hospitation)

»Wenn ich müde von der Arbeit komme, kommt mein Sohn glücklich und zufrieden von der Schule. Er erzählt mir dann noch täglich mit Begeisterung von seinem Schulalltag.« (Vater)

»Mein Sohn ging nicht gerne in die Grundschule. Seitdem er auf die 4. Gesamtschule geht, ist er ein anderes Kind. Er freut sich schon am Samstag auf den Schulbeginn am kommenden Montag.« (Vater)

»Mein Sohn ist wie ausgewechselt: Er spielt wieder.« (Vater)

In engem Austausch mit der 4. Gesamtschule setzt die 2011 neu gegründete Sekundarschule Jülich ebenfalls auf neue selbst organisierte Lernformen. Die Konzeptentwicklung an dieser Schule hat dabei vor allem zu berücksichtigen, dass Jülich eher ländlich strukturiert und die Grundstimmung mit Blick auf Schule eher konservativ ausgerichtet ist. Die aktuellen Anmeldezahlen sprechen aber eine deutliche Sprache, dass auch die Jülicher Eltern sehr von dem auf Eigenverantwortung setzenden Konzept überzeugt (worden) sind. Feedback von Eltern:

» ...schon mal ein vorsichtiges ›Herzlichen Glückwunsch‹. In Sachen Schule hat unser F. sich verändert, er geht sehr gerne in die Schule! Gelegentlich geht er freiwillig eher ins Bett, weil er am nächsten Tag ein interessantes Unterrichtsfach hat. Weiter so!«

»Unsere Tochter kommt jeden Tag zufrieden nach Hause.

Sie hat bereits Freunde gefunden und freut sich morgens auf die Schule.«

»Dadurch, dass es Arbeitsstunden gibt, in denen geübt wird, gibt es ja keine Hausaufgaben mehr. Endlich haben wir wieder mehr Zeit, miteinander zu sprechen.«

»Unsere Tochter findet die Lehrer wunderbar und kommt mit den Lernmethoden sehr gut zurecht. Auch für uns als Eltern ist die Arbeit transparent. Im Vergleich zur Grundschule wird ihr an der Sekundarschule die Zeit gegeben, die sie braucht. Sie kommt entspannter und zufriedener nach Hause. Wir Eltern sind, wie unsere Tochter, mit der Wahl Sekundarschule absolut zufrieden.«

Feedback von Schülern:

»Ich fühle mich sehr wohl und die Schule ist sehr cool. Meine Mitschüler sind sehr nett und die Lehrerinnen und Lehrer sind sehr nett. Ich werde ernst genommen. Die Erwachsenen nehmen sich viel Zeit. Hier macht das Lernen richtig Spaß.«

»Zuerst habe ich mich gewundert, dass ich so viel entscheiden kann. Aber ich lerne jetzt lieber als früher. Ich finde es gut, dass es verschiedene Lernstufen gibt.«

Feedback von Lehrern nach einer Hospitation:

»Ich habe noch nie solche entspannten Lehrerinnen und Lehrer gesehen.«

»Die beobachtete Selbstständigkeit, die Übernahme der Verantwortung der Schüler für das eigene Lernen: Davon träumen die Lehrer in der gymnasialen Oberstufe.«

Feedback eines zukünftigen Lehrers nach mehreren Hospitationen:

»Was ich hier beobachten konnte, kenne ich sonst nur aus Filmen und Büchern. Dass so etwas möglich ist, hätte ich nie gedacht!« Die Schulleiterin bat ihn, seine Eindrücke zu verschriftlichen. Der folgende Text ist daraufhin entstanden:

»›So etwas habe ich ja noch nie gesehen!‹ Dieser Gedanke fasst die Eindrücke vielleicht am besten zusammen, welche sich mir nach einem Vormittag an der jungen Sekundarschule Jülich offenbart haben. Zwar hatte ich schon von innovativen Unterrichtskonzepten gehört und gelesen und selbstverständlich auch versucht, zumindest Elemente jener modernen Konzepte im eigenen Unterricht zu verwirklichen, jedoch war dies meist schwer zu realisieren und oftmals auch frustrierend ... Doch hier entscheiden die Schülerinnen und Schüler zu Beginn eines jeden Schultages zunächst selbst, in welchen Lernbüros sie weitgehend selbstständig arbeiten möchten. Mit dieser Freiheit zur eigenen Entscheidung geht ein kaum vergleichbares Maß an Motivation einher ... Dabei scheint die Zeit des klassischen (reinen) Frontalunterrichts, in dem der Lehrer der ›Vorturner‹ ist und die Schüler mit mehr oder weniger viel Erfolg versuchen, die vorgegebenen Übungen ›nachzuturnen‹, obsolet geworden zu sein. In Jülich organisieren und lernen die Schüler vielmehr eigenständig mit Freude und Erfolg an der Sache. Außerdem wird den Schülern die Verantwortung übertragen, sich selbst in die Pflicht zu nehmen und ihr Lernen selbstständig und gewissenhaft zu organisieren und zu dokumentieren. So ist es möglich, dass jeder für sich Schritt für Schritt wichtige Lernziele erreicht und dennoch gemeinsam in einer Klassengemeinschaft arbeitet, in der ein besonderer Zusammenhalt gefordert und gefördert wird ... Für die Klassengemeinschaft kommen die Schüler ihrer Klasse im Klassenrat zusammen und besprechen bzw. diskutieren aktuelle Themen, die für die ganze Klasse relevant sind.

Auch während dieser Zeit halten sich die Lehrer als stille Beobachter im Hintergrund und man wird Zeuge einer demokratischen und wohlorganisierten Diskussionskultur, die bereits in den Klassen der unteren Jahrgangsstufen ein beachtliches Niveau erreicht, von dem sich so manche erwachsene Gesprächsrunde eine Scheibe abschneiden könnte.

Eine derartige Kommunikationskultur erzieht die Schüler schon während ihrer frühen Entwicklung zu verantwortungsbewussten, toleranten und nicht zuletzt mündigen Bürgern, wie es von unserer Gesellschaft gefordert wird.«

Brandenburg im Aufbruch

Mit dem Bildungsministerium Brandenburg (MBJS) arbeitet *Schule im Aufbruch* seit Herbst 2012 in sehr enger Kooperation, zusammen mit dem LISUM (Landesinstitut für Schule und Medien in Berlin-Brandenburg). Zur Auftakttagung im Herbst 2012 waren Vertreter aller Schulen und Schulämter eingeladen. Es folgten in allen Schulamtsbezirken passgenaue Fortbildungen und Visioning-Workshops, unterstützt von erfahrenen Moderatoren. Thema der zweiten landesweiten Tagung war: »Was brauchen die Schulen konkret, um ihre nächsten Schritte machen zu können?« Der Prozess geht kontinuierlich weiter, *Schule im Aufbruch* entwickelt Material und begleitet vor Ort mit. Der Prozess ist in vollem Gang.

Eine staatliche Gesamtschule im Land Brandenburg:
»Wir sind auf dem Weg zur Inklusion. In unserer Schule lernen seit Jahren Kinder mit und ohne Behinderungen

gemeinsam. Ausgangspunkt für den Veränderungsprozess war die Initiativtagung 2012 im LISUM. Da haben wir gespürt, dass sich ›Schule‹ verändern muss, und wir haben gesehen, dass sich auch andere auf den Weg machen. Wir sind nicht alleine anders. Ohne die Unterstützung vom Ministerium und *Schule im Aufbruch* hätte ich jetzt aufgegeben. Jetzt weiß ich, dass ich nicht allein bin und schöpfe extrem viel Kraft daraus. Mittlerweile haben wir eine Arbeitsgruppe aus Lehrern, Eltern und Schülern zur Schulentwicklung und 80 % des Kollegiums stehen hinter der Schulveränderung.«

Manchmal geht die Aktivität von Eltern aus:

»Ich bin Elternsprecherin eines Gymnasiums. Im April überredete mich eine Freundin, auf eine Bildungsveranstaltung zu gehen. Ich dachte mir noch: ›Nicht schon wieder eine dieser neuen schulpädagogischen Reformveranstaltungen!‹ Doch dann erlebte ich die Schülerinnen auf der Bühne, und die Erkenntnis traf mich wie der Blitz: ›So sollen meine Kinder auch sein! Genauso! So strahlend, so frei, so glücklich, so überzeugend und überzeugt von sich und ihrer Schule. Solche Kinder sind unsere Zukunft.‹ Das war ein richtiges Aha-Erlebnis! Ich wusste in diesem Moment, ich musste nun auch hinausgehen und versuchen, an unserer Schule etwas zu bewegen. Unseren Kindern zuliebe.«

Regionalgruppen von *Schule im Aufbruch* in ganz Deutschland

Über 30 Regionalgruppen haben sich gebildet. Sie setzen sich vor Ort für eine potenzialentfaltende Schule ein:

»Ich habe den Jahresbericht von *Schule im Aufbruch* in die Hände bekommen und gedacht: Das ist ja genau das, was ich machen möchte – in der Schule etwas bewegen!« (Janine aus Hannover, die daraufhin die Regionalgruppe Hannover ins Leben rief.)

»Sehr inspiriert bin ich vom Treffen der *Schule im Aufbruch*-Regionalgruppe auf Burg Ludwigstein bei Witzenhausen nach Kassel heimgekehrt! Es hat so Spaß gemacht, die so engagierten Regionalgruppen-Mitglieder aus ganz Deutschland kennenzulernen, von Rostock bis Nürnberg, von Köln bis Berlin!« (Thomas aus München)

»Ich habe Gruppen- und Öffentlichkeits-Erfahrungen gemeinsam mit anderen in der Regionalgruppe gemacht. In meiner Rolle als Mutter eines Erstklässlers in einer Regel-Grundschule habe ich durch meine Arbeit in der Regionalgruppe viel mehr Verständnis für meinen Sohn, wenn er Schulfrust und Protest zeigt, weil ich erkenne, dass er vornehmlich als sich einzugliedernder Leistungserbringer gesehen wird und nicht als Persönlichkeit mit all seinen Facetten, Bedürfnissen und Potenzialen. Ich kann viel besser beurteilen, an welchen Stellen ich ihn in seiner Persönlichkeit stärke, schulisch unterstütze oder ihm Herausforderungen stelle, deren Überwindung ihn wiederum stärkt. Auch fühle ich mich jetzt in der Lage zu erkennen, ab wann ein Schulwechsel unumgänglich wäre, damit er seine persönliche Integrität behält und sein Selbstgefühl nicht verliert.

Im Gespräch mit Lehrerinnen fühle ich mich gleichwürdig und spüre, dass – auf einer solchen Basis – Hinweise zum besseren Umgang mit meinem sensiblen Kind dankbar aufgenommen und umgesetzt werden. Ich kann die Hilflosigkeit mancher Lehrerinnen mittlerweile gut verstehen.« (Bettina aus dem Hochtaunuskreis)

Über Deutschland hinaus

Auch Österreich ist im Aufbruch. *Schule im Aufbruch* startete dort im Februar 2014. Schon jetzt werden die Kontakte zu 20 Inspirationsorten und über 100 Schulen ausgebaut, von denen viele schon auf dem Weg sind. Einige Bezirksschul-Inspektoren beteiligen sich, sodass mit dem System gearbeitet wird.

Digital im Aufbruch

Warum nicht ein Schüler-beraten-Lehrer-Format über Skype? Eine Jenaer Schule will das Projekt »Verantwortung« einführen: »Nächste Woche entscheiden wir, ob wir ›Verantwortung‹ einführen. Dazu eine Bitte: Könnten sich zwei oder drei Schüler in unsere Lehrerkonferenz einskypen? Wir haben sicher noch viele Fragen und Zweifler …« Später: »Das Beste, was wir machen konnten. Statt theoretisch herumzudiskutieren, die Schüler an den Tisch holen. Danke. Unser erstes Lehrerkonferenz-Skype-Experiment war ein voller Erfolg!«

Ein MOOC – ein Massive Open Online Course – auf

www.iversity.org zum Thema »Meine Schule transformieren. Ein Reiseführer«. Es geht hier insbesondere um:

▷ Veränderungen selbst gestalten
▷ Personen verstehen und moderieren
▷ Verständnis von Potenzialentfaltung vertiefen
▷ Allein anfangen und Bündnisse bilden
▷ Zusammenarbeit gestalten

Handlungs- und Reflexionsaufgaben führen mit dem angebotenen Wissen direkt ins Handeln und damit zu Erfahrungen. Über 3 000 Teilnehmer haben sich angemeldet – mehr als fünfmal so viele wie bei den meisten anderen Online-Kursen sind aktiv. Aus ihren Reflexionen:

»Ich saß in einem Loch, nah dran aufzugeben, aber durch diesen Kurs bin ich behutsam, Schritt für Schritt aus diesem Loch gekrabbelt. Ich hatte überhaupt nicht das Gefühl, allein zu sein. Ich fand Gleichgesinnte hier und fand auch wieder Unterstützer in den Teams, in denen ich arbeite. Aber vor allem habe ich Mut und Entschlossenheit wiedergefunden. Es ist eine so wertvolle Arbeit. Danke!«

»Nicht alleine die Schule kann es geradebiegen. Unsere eigenen, inneren Einstellungen sind maßgeblich daran beteiligt, inwieweit sich unsere Kinder entfalten können. Denn sie übernehmen unbewusst unsere Muster, selbst wenn sie vielleicht nach außen anders leben, so sind diese doch unterschwellig als inneres Konflikt-Material vorhanden. Ich bin dankbar für dieses Webinar und ich finde es toll, dass so viele sich angesprochen fühlen und mittun. Ich wünsche mir nur einfach, dass wir bei uns selbst beginnen, denn hier liegt nun mal der Schlüssel.«

Auch Unternehmen lassen sich inspirieren

Entrepreneurship Summit 2012, Keynote von vier Schülern vor 1500 Zuhörern. Stehende Ovationen.

Keynote bei der zehnten Jahresfeier des Goinger Kreises, eines Forums und Think Tanks für Menschen in verantwortungsvoller Position aus Wirtschaft und Wissenschaft. Auch hier die klare Positionierung: »Das muss in die Breite, was können wir dafür tun?«

Die Abteilung Einkauf West der Deutschen Bahn bucht Schüler als Coaching-Partner für seine Mitarbeiterinnen und Mitarbeiter.

Auf dem Kongress *Innovation und Innovationskultur* der Deutschen Bahn geben zwölf Schülerinnen und Schüler aus den Jahrgängen sieben bis zwölf zwei Workshops mit jeweils 25 Managern. Thema: Beziehungskultur – Leadership – Vertrauen.

Auf der European Leadership Academy geben Schüler Einblick in die Methode »Design Thinking«. Sie sind Kreativcoaches, die eine ganz neue Perspektive in althergebrachte Lösungsansätze gebracht haben.

Hier einige Rückmeldungen:

»Erst war ich ja skeptisch. Nun bin ich begeistert, total inspiriert.«

»Wie schnell wir in tiefgründige Gespräche gekommen sind, das wäre nicht passiert, wenn wir unter uns gewesen wären.«

»Ich kann, wenn ein Kind mir in die Augen schaut, nicht mehr drumherumreden. Das geht einfach nicht.«

»Es war beeindruckend, welch ernsthafte Gesprächspartner wir waren, auf gleichwürdiger Augenhöhe.«

»Ich habe am Sonntag das Glück gehabt, Ihre Schüler beim Entrepreneurship Summit zu hören und wollte Ihnen mitteilen, dass dies seit Langem das Sinnvollste war, was ich gehört habe!«

Lunch-Vortrag bei der Entrepreneurs' Organization:
»Ihr hattet heute ein Publikum, das nicht so leicht zu beeindrucken ist. Da waren Unternehmer dabei, die hunderte Mitarbeiter führen. Die weltweit auf Konferenzen fliegen. Die selbst oft auf der Bühne stehen. Von diesem Publikum habt Ihr auf einer Skala von ein bis zehn ein durchschnittliches Feedback von 9.9 bekommen. Ich kann mich nicht daran erinnern, dass es sowas schon mal gab. Ihr habt uns komplett umgehauen ... War unglaublich inspirierend. Das muss in die Breite!«

Ebenso Hochschulen

Dezember, 9:15 Uhr, im Treppenhaus der PH Salzburg – Ort einer ungewöhnlichen Begegnung. Zwölf Schüler, 13 bis 16 Jahre alt, eine Lehrerin und eine Schulleiterin treffen zusammen mit 52 Professoren und Lehrbeauftragten. Eingeladen hatte Josef Sampl, Rektor der PH. Neu denken kann überall beginnen: an Schulen, in Lehrerausbildungsseminaren, an Hochschulen. Gerade ordnen sich die Menschen auf den breiten Treppen einem Statement und einer Zahl zwischen eins und vier zu. Vier bedeutet, stimme voll zu, eins bedeutet, ich stimme gar nicht zu. In Kleingruppen findet ein reger Austausch statt zum Statement: »In der Lehrerausbildung sind Lernformate notwendig, in denen Studierende Herausforderungen im Realleben meistern, sich zivilgesellschaftlich engagieren und ihre Erfahrungen reflektieren.« Fast alle stehen bei vier, einige wenige bei drei. Bei eins und zwei steht niemand. So weit der Wunsch. Nun geht es um die Realität. Wie sieht es dazu wirklich an der PH Salzburg aus? Bewegung auf der Treppe. Fast alle stehen nun bei eins. Kurzer Austausch und dann die nächste These. Wieder lebhafte Diskussionen, an einem Dienstagmorgen. Das letzte der sechs Statements lautet: »Ich spüre ein Gefühl in mir, dass wir einen radikalen Wandel der Lernkulturen, einen Transformationsprozess unserer Ausbildung / unserer Schulen brauchen, dass Reformen des Alten uns nur in alten Mustern festhalten.« Es stehen fast alle wieder bei vier. Bei der Anschlussfrage »Mein persönlicher Mut zum radikalen Wandel« wandern viele dann zu drei und zwei. Sich zu positionieren erfordert Mut. Das Eis ist gebrochen, erstes Vertrauen ist erfahren, alle sind mental im Thema. Es folgen zwei Intensivtage. Wie kam es zu der Tagung? Initialzündung und Inspiration war ein Vortrag von Gerald Hüther zu Potenzialentfaltung und Lehrerbildung. Und der Rektor hatte den Mut zu einem ungewöhnlichen Setting. Er lud Schüler ein. Denn wer kann besser Experte für Lernen sein als die Kinder und Jugendlichen selbst? Und das Unglaubliche geschah. Es ist den Jugendlichen in zwei Tagen intensivsten Austauschs, meist in Kleingruppen, gelungen, die verschütteten Visionen in den Herzen der Hochschullehrer wiederzuerwecken. Ihre Begeisterung strahlte, ihre Authentizität hatte Überzeugungskraft. Einigen Professoren war es unter die Haut gegangen. Magische Momente.

»Es ist mir sehr oft gegangen wie bei einem guten Konzert, wo es mir kalt den Rücken runterläuft, kalt und warm, heiß und eiskalt, wenn man so merkt, es bewegt sich was.«

»Es ist einfach wunderbar, wenn Gedanken formuliert werden, die man selber schon lange in seinem Herzen trägt, und vor allem zu sehen, dass Veränderung Platz greifen kann, nachhaltige Veränderung – auf allen Ebenen. Die ganze Veranstaltung ist für mich ein Stück Hoffnung für die Hochschule, für mich, für meine Enkelkinder.«

Und der Rektor schrieb in der Hauspostille:

»Diese Jugendlichen haben uns erstaunt, neugierig gemacht und vor allem sehr begeistert. Sie haben Gruppen geleitet, Neues Lernen und ihre Werte vermittelt, Fragen ausgeräumt und enorme Energie und Selbstbewusstsein ausgestrahlt. Frei heraus gesprochen und diskutiert, vor breitem, kritischem Publikum, ganz ohne vorbereitetes Manuskript. Sie haben etwas zu sagen und das trauen sie sich auch.« Fazit der beiden Tage: Die PH Salzburg hat einen Modellversuch »Neue Lehrerausbildung« gestartet, bei dem die Prinzipien »Verantwortung« und »Herausforderung« zentral verankert sind.

Und jetzt?

»Jeder von uns hat, kurz gesagt, die Möglichkeit zu begreifen, dass auch er, sei er noch so bedeutungslos und machtlos, die Welt verändern kann. Jeder muss bei sich anfangen. Würde einer auf den andern warten, warteten alle vergeblich.« VÁCLAV HAVEL

Wie sieht Ihr Aufbruch aus? Im Sinne von Václav Havel wünschen wir Ihnen dafür den Glauben an Ihre Wirksamkeit, Zuversicht und Mut!

ANHANG

Was hat sich inzwischen getan?

Mit der 4. Auflage dieses Buches (2019) hier ein kurzes Update.

Die Sehnsucht nach einer neuen Lernkultur ist groß. Die Menschen spüren, dass die Zeit reif ist für einen grundlegenden Wandel. Das zeigt sich sehr deutlich in der hohen Nachfrage bei *Schule im Aufbruch*. Daher baut *Schule im Aufbruch* zurzeit in Niedersachsen, Hessen/Rheinland-Pfalz und Sachsen begleitete Schulnetzwerke nach Vorbild des *Regionalbüros Rheinland* (Bildungswerk Aachen) auf. Am MOOC (Massive Open Online Course) »Meine Schule transformieren« haben sich 2015 5000 Menschen beteiligt. Mit der »Box of Change« stellt *Schule im Aufbruch* Module zum Transformationsprozess zur Verfügung. *Schule im Aufbruch* erreicht jährlich ca. 30 000 Menschen. Margret Rasfeld, seit 2016 im aktiven Ruhestand, ist weltweit stark angefragt. Die Evangelische Schule Berlin-Zentrum bildet monatlich ca. 100 Lehrer und Schulleiter weiter. Auch die 4. Gesamtschule Aachen, die IGS Oyten und die Matthias-Claudius-Schule Bochum sind beliebte Hospitationsschulen.

Österreich: Schule im Aufbruch hat sich in Österreich zu einer starken Bewegung entwickelt. Hier zeigt sich deutlich: Wenn Innovationen in die Breite wirken sollen, brauchen Bottom-up-Initiativen das Wollen, die Ermutigung und die Bestärkung »von oben«. In Österreich sind viele Pflichtschulinspektoren, die Verantwortlichen in der Schulaufsicht, begeistert und überzeugt von *Schule im Aufbruch* und setzen sich in vielen Bundesländern aktiv für die Transformation ihrer Schulen ein. Auch einige Universitäten sind einbezogen.

Polen: Budząca się szkoła, *Schule im Aufbruch Polen,* verbreitet sich als Bewegung seit 2015. Gefördert vom Europäischen Sozialfonds wurden Hospitationsreisen nach Deutschland und gemeinsame Schule-im-Aufbruch-Fortbildungstage ermöglicht. Mehrere Kongresse haben Schulen inspiriert, sich auf den Weg zu machen und ein Netzwerk aufzubauen. Sich zu vernetzen und voneinander zu lernen, ist ein wirksames Prinzip. Margret Rasfeld unterstützt diese Initiativen mit zwei Fortbildungen pro Jahr.

Auch in der *Ukraine* und in *Südtirol* entwickelt sich *Schule im Aufbruch* aktuell zu einer Bewegung.

Das Buch *Schulen im Aufbruch* ist bisher auf Polnisch, Kroatisch und Ukrainisch erschienen. Übersetzungen in die russische, slowakische und koreanische Sprache sind zurzeit (Januar 2019) in Arbeit.

Schule im Aufbruch, die Global Goals und Bildung für nachhaltige Entwicklung

Die Global Goals – auch SDGs (Sustainable Development Goals) oder Agenda 2030 genannt – wurden am 25. September 2015 auf dem Weltgipfel für nachhaltige Entwicklung von der UN einstimmig verabschiedet. Die SDGs binden die Schultransformation in einen starken Sinnkontext ein. Die UNESCO hat dazu das »Weltaktionsprogramm Bildung für nachhaltige Entwicklung« veröffentlicht – mit mutigen Aufforderungen: »Die vor uns liegenden Risiken und Chancen erfordern einen PARADIGMENWECHSEL. Bildung für nachhaltige Entwicklung (BNE) ist eine ganzheitliche und transformative Bildung. Ihr Ziel ist eine Transformation der Gesellschaft.«[17]

In Deutschland haben auf Initiative der Bundesregierung mehr als 350 Organisationen und Vertreter aus Zivilgesellschaft, Politik, Bildung und Wirtschaft den Weltaktionsplan in den »Nationalen Aktionsplan Bildung für nachhaltige Entwicklung« (NAP) übersetzt, der im Juni 2017 durch die Kultusministerkonferenz verabschiedet wurde. Darin heißt es: »Um die Agenda 2030 zu verwirklichen, müssen wir umfassende und tiefgreifende gesellschaftliche Transformationen anstoßen und umsetzen. Bildung spielt in diesem Prozess eine Schlüsselrolle. […] Um dies zu erreichen, müssen wir unser Bildungssystem so ausrichten, dass Kinder, Jugendliche und Erwachsene das Wissen und die Fähigkeiten erwerben, die für die Beantwortung dieser Fragen nötig sind. Wir brauchen kreative Ideen, Visionen und Gestaltungsmut für eine nachhaltige Entwicklung. Nachhaltigkeit muss Bildungsziel sein, global und national.«[18]

Schule im Aufbruch orientiert sich seit ihrer Gründung an Bildung für nachhaltige Entwicklung, mit der Ausrichtung an den vier Säulen des Lernens der UNESCO zur Bildung für das 21. Jahrhundert: Lernen, Wissen zu erwerben; Lernen, zusammenzuleben; Lernen, zu handeln; Lernen, zu sein (s. Kapitel »Die Perspektive internationaler Expertengruppen«). Dementsprechend ist *Schule im Aufbruch* inzwischen Change Agent zur Umsetzung des Weltaktionsprogramms und wir freuen uns, dass wir 2016 und 2018 vom Bundesministerium für Bildung und Forschung und der Deutschen UNESCO-Kommission als starker Umsetzungspartner für das »herausragende Engagement zur strukturellen Verankerung von Bildung für nachhaltige Entwicklung« ausgezeichnet wurden.

Ausblick: Zusammen wirksam werden

Wir stehen am Anfang einer Transformationsbewegung. Wissenschaftler zeigen uns, dass in der Welt in einem lebendigen Netz alles miteinander verbunden ist. Die zivilgesellschaftlichen Kräfte wachsen. Für die Gestaltung einer nachhaltigen Zukunft ist ein grundlegend neues Organisationslernen erforderlich. Das bedeutet ein Zusammenwirken aller Kräfte durch den Aufbau von Netzwerken, die viele verschiedene Organisationen verbinden. Schulen, Eltern, Kommunen, Verwaltung, Politik, Unternehmen, NGOs und Künstler werden in Zukunft interdisziplinär und generationsübergreifend zusammenarbeiten, denn niemand hat allein genügend Transformationspotenzial. Darauf setzt auch *Schule im Aufbruch*. Wir werden in enger Vernetzung mit Partnern wie dem Education Innovation Lab, dem Bündnis ZukunftsBildung, dem Forum Digitalisierung, der Akademie der LernKulturZeit, dem SV-Bildungswerk und dem Verein »Das macht Schule« in einer Allianz zusammenarbeiten.

Nur eine grundlegende Erneuerung der individuellen und kollektiven Arbeitsweisen der Institutionen schafft echte Veränderungen. Die Herausforderung der Politik ist es, die Transformation der Bildungseinrichtungen nachdrücklich zu unterstützen. Das benötigt Vertrauen in Autonomie. Aus systemischer Sicht verbietet sich ein weiteres Verfolgen von Effizienzstrategien mit dem prioritären Paradigma kognitiver Bildung. Effizienz im Bildungssystem muss sich an größtmöglicher Potenzialentfaltung aller orientieren. Gemeinsinn und soziale Kompetenzen lassen sich nicht anerziehen oder unterrichten. Es braucht dafür eine gelebte Partizipations- und Verantwortungskultur, auf allen Ebenen.

Machen wir weiter! Gemeinsam, in der Kraft des Wir und des Lernens voneinander, in Präsenz, in Verantwortung, mit dem Mut zur Transformation des Denkens und Handels, auf der Grundlage der Sustainable Development Goals, des Zukunftsvertrages für die Welt.

Dank

Schule im Aufbruch verdankt seine Entstehung zahllosen Menschen, Institutionen und Bewegungen, die sich für eine neue Lernkultur einsetzen. Dazu gehören herausragende Schulen wie die Hamburger Max-Brauer-Schule und die Stadtteilschule Winterhude, die u. a. das Lernbüro erfunden und eingeführt haben, die Reformschule Kassel und die Helene-Lange-Schule Wiesbaden, die Grundschule Kleine Kielstraße in Dortmund, die zeigt, wie auch im sozialen Brennpunkt selbstbestimmtes Lernen und Potenzialentfaltung möglich ist, oder die IGS Göttingen, die seit Jahrzehnten Inklusion und Potenzialentfaltung praktiziert. Dazu gehören auch der Club of Rome, der bereits in den Siebzigerjahren eingefordert hat, Bildung zukunftsfähig zu machen, Bewegungen wie das Archiv der Zukunft, der Schulverbund Blick über den Zaun, Education Y, die Club of Rome Schulen, die Deutsche Schulakademie sowie die Netzwerke der Kulturellen Bildung. Auch herausragende Inspiratoren sind hier zu nennen, wie Jutta Allmendinger, Joachim Bauer, Wolfgang Edelstein, Otto Herz, Gerald Hüther, Reinhard Kahl, Enja Riegel, Susanne Thurn, Annemarie von der Groeben und die zahllosen, die wir hier nicht nennen können, die mutigen Lehrer und Lehrerinnen und Schulleitungen, die in den Schulen den Aufbruch wagen, Entscheider in der Schulaufsicht, die unterstützen und ermutigen, Eltern, die sich voller Kraft dafür einsetzen, dass ihre Kinder eine den Herausforderungen der Zeit gemäße Bildung erhalten. Und natürlich die Schülerinnen und Schüler, die sich begeistern lassen und mit Engagement in den Dialog mit Erwachsenen eintreten. Last, but not least sind die zahlreichen Förderer aus Wissenschaft, Wirtschaft, Stiftungen und Publizistik zu nennen, die die Transformation unserer Schulen zu Orten der Potenzialentfaltung tatkräftig begleiten.

Ihnen allen sei von ganzem Herzen Dank gesagt. Nur durch dieses und mit diesem Engagement der vielen haben *Schulen im Aufbruch* die Chance, von der Vision zur Realität zu werden.

Anmerkungen

1. Wippermann, Katja, Wippermann, Carsten, Kirchner, Andreas: *Eltern – Lehrer – Schulerfolg. Wahrnehmungen und Erfahrungen im Schulalltag von Eltern und Lehrern.* Stuttgart 2013
2. Ebd., S. 9
3. Ebd., S. 3
4. Ebd., S. 6
5. Ebd., S. 17
6. Rainer Maria Rilke: *Sämtliche Werke in zwölf Bänden.* Herausgegeben vom Rilke-Archiv in Verbindung mit Ruth Sieber-Rilke. Frankfurt/M. 1975
7. Edgar Faure u. a.: *Wie wir leben lernen: Der Unesco-Bericht über Ziele und Zukunft unserer Erziehungsprogramme*, Hamburg 1973
8. Aurelio Peiccei, James W. Botkin, Mahdi Elmandjra, Mircea Malitza: *Das menschliche Dilemma. Club of Rome. Zukunft und lernen*, München 1979
9. Jacques Delors: *Lernfähigkeit: Unser verborgener Reichtum, UNESCO-Bericht zur Bildung für das 21. Jahrhundert*, Neuwied 1997
10. Portal *Bildung für nachhaltige Entwicklung*: www.bne-portal.de
11. Aus der OECD-Studie von 2005. *Definition und Auswahl von Schlüsselkompetenzen.* Zusammenfassung, S. 10
12. Angela Merkel (Hg.): *Dialog über Deutschlands Zukunft*, Hamburg 2012
13. Wippermann, Katja, Wippermann, Carsten, Kirchner, Andreas: *Eltern – Lehrer – Schulerfolg. Wahrnehmungen*

und Erfahrungen im Schulalltag von Eltern und Lehrern. Stuttgart 2013

14. Jacques Delors: *Lernfähigkeit: Unser verborgener Reichtum, UNESCO-Bericht zur Bildung für das 21. Jahrhundert*, Neuwied 1997
15. *Agenda 21*, Konferenz der Vereinten Nationen für Umwelt und Entwicklung, Rio de Janeiro, Juni 1992, Kapitel 25, S. 281. Im Web: http://www.un.org/depts/german/conf/agenda21/agenda_21.pdf
16. http://www.ted.com/talks/sugata_mitra_build_a_school_in_the_cloud#t-444758
17. http://www.bne-portal.de/sites/default/files/downloads/publikationen/DUK%20-%20Roadmap%20Weltaktionsprogramm%20BNE.pdf
18. https://www.bmbf.de/files/Nationaler%20Aktionsplan%20BNE%202017.pdf

Die Autoren

Margret Rasfeld

Margret Rasfeld war bis 2016 Schulleiterin der Evangelischen Gemeinschaftsschule Berlin-Zentrum. Als Visionärin und vielfach ausgezeichnete Bildungsinnovatorin inspiriert und berät die gefragte Referentin mittlerweile unzählige Schulen im deutschsprachigen Raum, die sich auf den Weg zu einer Lernkultur der Potenzialentfaltung aufmachen. Im Zukunftsdialog der Bundeskanzlerin war sie eine der Kernexperten im Themenstrang »Wie werden wir lernen?«. 2013 erhielt sie den Querdenker-Award in der Kategorie »Vordenker«.

Stephan Breidenbach

Stephan Breidenbach arbeitet als Hochschullehrer, Mediator und Unternehmer. Er ist Gründer gesellschaftlicher Veränderungsprojekte (u. a. www.betterplace.org) sowie sozial und ganzheitlich ausgerichteter Unternehmen. Im Zukunftsdialog der Bundeskanzlerin koordinierte er den Themenstrang »Wie werden wir lernen?«. In seiner Arbeit geht es ihm darum, eine bewusstere Kreativität für soziale und politische Veränderungen freizusetzen und diese in Projekten, Organisationen und Unternehmen Wirklichkeit werden zu lassen.

Schulerfolg mit der Evolutionspädagogik

Die Evolutionspädagogik hilft dabei, die besonderen Fähigkeiten überdurchschnittlich intelligenter, kreativer und innovativ denkender Schüler zu erkennen und zu fördern.

www.koesel.de